おうちでできる
おおらか金継ぎ

「金継ぎ部」主宰
堀 道広

はじめに

お気に入りの器が割れてしまって、
悲しい思いをしたことはありませんか?
欠けたり割れたりしても、
繕いながらいつまでも使い続けたい――。
そんな願いを叶えてくれるのが、「金継ぎ」です。

金継ぎは、天然素材である漆を使って、
欠けたり割れてしまった陶磁器を繕う伝統的な技法です。
かつては蒔絵師が副業で行う、
お茶の世界を中心にした一部だけのものでしたが、
ここ最近、自分で金継ぎに挑戦する人々が増えています。
私は、そんなかたがたに向けた教室
「金継ぎ部」を主宰しています。
本書では、教室でお伝えしているのと同じ、
初心者から中級者のみなさんに向けた、
「漆を使っておうちでできる」金継ぎの方法をご紹介します。

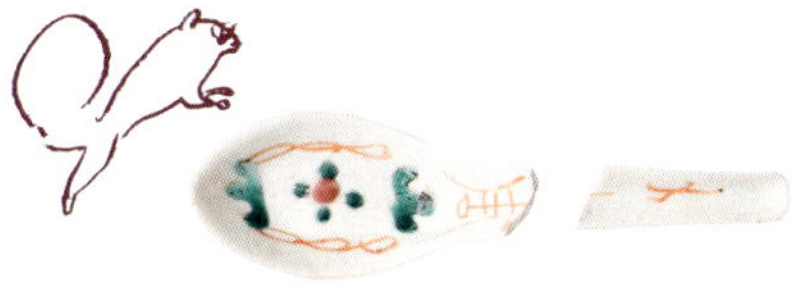

特徴は４つの「もっとも」。

1 本物の漆を用いた、**もっとも伝統的**なやり方

2 シンナー、ベンジンなどの有機溶剤を使わず、
もっとも体に害のないやり方

3 楽しく、わかりやすく、**もっとも簡略化した**やり方

4 「繕い」が目的なので、
もっともお金がかからない経済的なやり方

以上の方法で、「だれでも」「おうちで」「手に入れやすい道具で」
気楽に金継ぎを楽しんでもらえたらと思います。

少し時間はかかっても、お気に入りの器を
自分の手で繕うことができるのは、うれしいことです。
あなたもおおらかな気持ちで、金継ぎを楽しみましょう。

江戸中期、輸出用の古伊万里染付のボウル。錫《すず》で繕いました。

19世紀フランス、バカラ輪花ガラス小皿。ガラス継ぎには金箔を使います。

19世紀フランス、キュノワールの大皿。黒漆とかすがいで繕う途中です。

6ページ(上)オランダのデルフトという地域で生産されている陶器のクリームポットと古伊万里の陶片を呼び継ぎ(68ページ)。お皿はフランスアンティークを銀で繕いました。(右)陶片で呼び継ぎして金粉で仕上げました。(左)漆椀。白漆で繕いました。

7ページ(上)19世紀フランスのかわいい絵皿。(中)16世紀ベトナムのニワトリ型の置き物。旅行で見つけました。(下)17世紀オランダのデルフト皿。以上すべて金粉仕上げ

(左)16世紀ころの古い急須。折れてしまった注ぎ口を金継ぎしました。
(右)清朝時代のれんげ。和紙を巻きつけて補強して、金で仕上げました。

古伊万里どうしを呼び継ぎ。グレーの部分は木片や刻苧《こくそ》漆で作り、錫で仕上げました。

もくじ

本書の使い方

各工程で使う道具
入手しやすい道具や材料にこだわりました

ナビゲーター

ワレ太
オスのリス。背中としっぽに模様がある

カケ子
メスのリス。白い毛に長いまつ毛が特徴

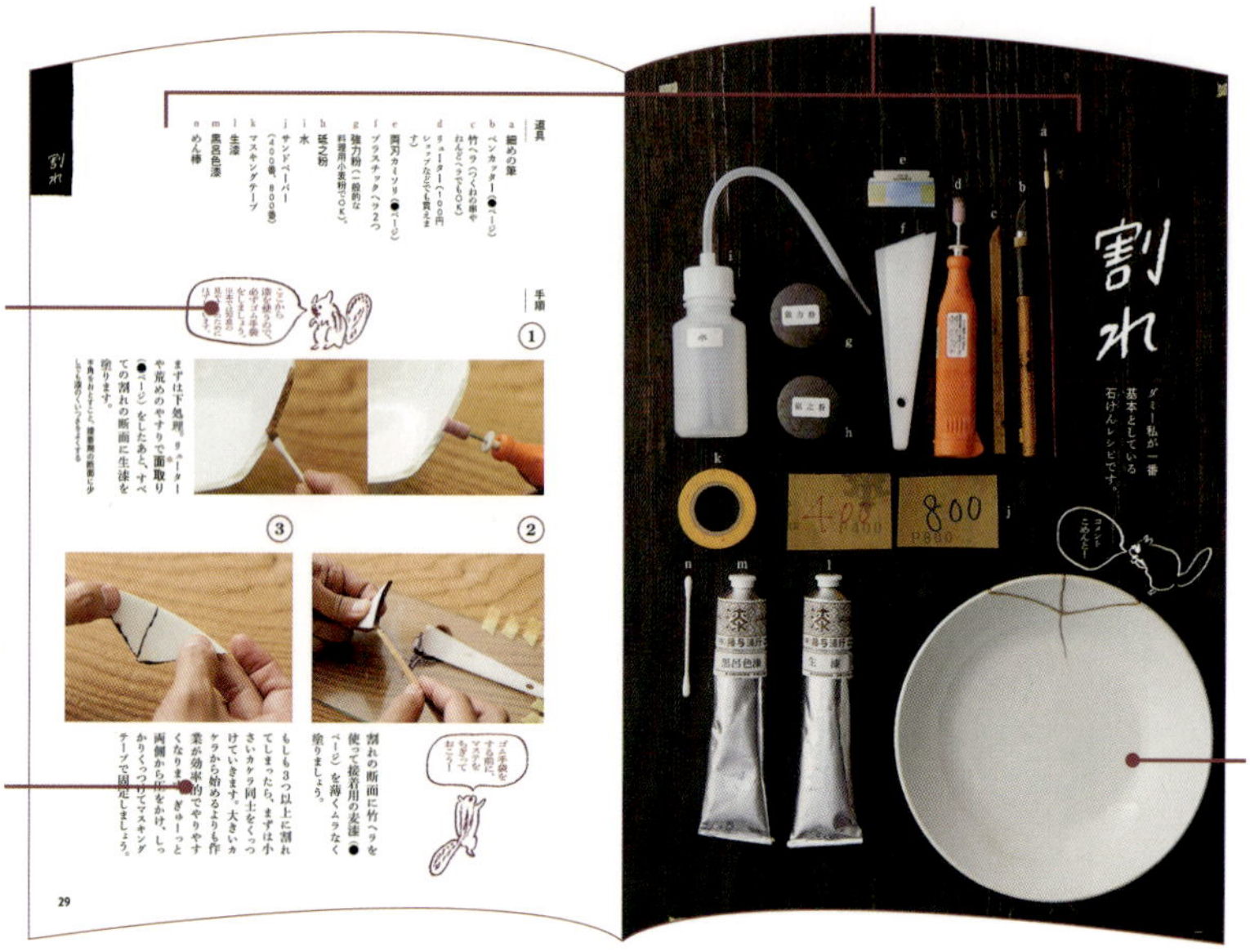

完成品
各工程でモデルになる器。金継ぎによってよみがえりました

ポイント
ワレ太とカケ子が教えてくれる、大切なポイント

手順
職人の手元を覗くような見やすい写真、やさしく丁寧な解説

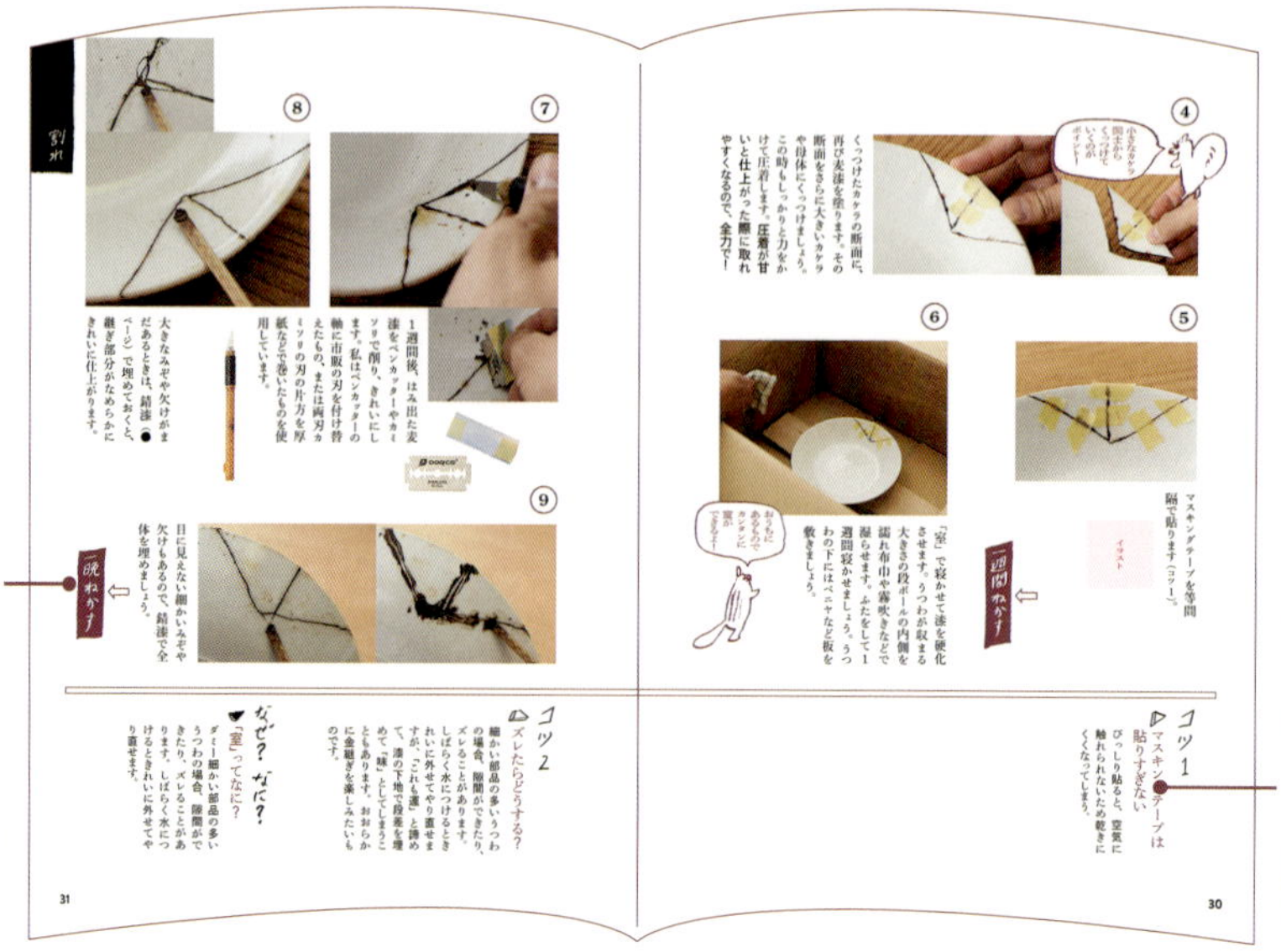

補足・コツ
つまずきやすいポイントでのアドバイスや、疑問に思う部分への補足

漆風呂でねかす
漆を乾かすための「漆風呂」でねかすマーク

15〜30分ねかす

一晩ねかす

一週間ねかす

第1章 まずはここから

金継ぎでは、器の破損状態によって進め方が変わります。
これから行う金継ぎをどんな工程で進めるのか、その全体を確認しましょう。
また、どの工程でも必要になる漆の基礎知識や前処理の方法を紹介します。

こんなものが直せます

割れ

ぱりん！　と
いくつかの破片に
分かれてしまった状態を
「割れ」といいます。
よく見られるのが、
れんげが折れたり、
コップの取っ手、
急須の口などが
割れてしまう破損です。
割れ、欠け、ひびが
ともなうケースも
多く見られます。

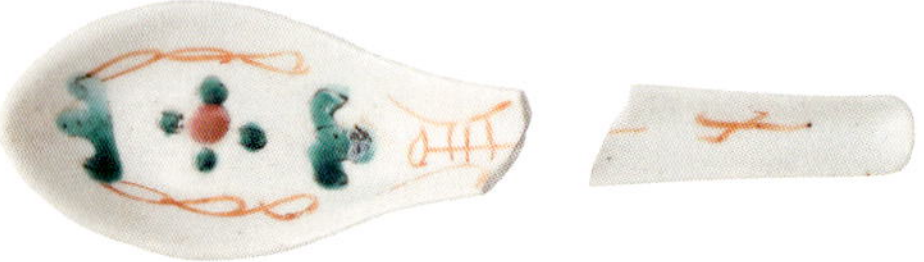
76ページ

28ページ

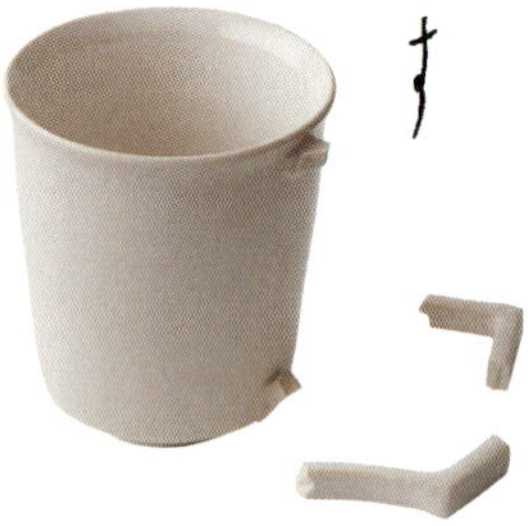
76ページ

欠け

割れた部分が
なくなってしまった状態を
「欠け」といいます。
もしも破片が
なくなっても、大丈夫。
金継ぎで直す
方法があります。

34ページ

68ページ

ひび・にゅう

水漏れするような
細い亀裂が
入った状態を「ひび」、
水漏れはしないけど、
うっすらと亀裂が
入っている状態を
「にゅう」といいます。

☜40ページ

☜48ページ

ほつれ

地の表面が
削げるように
欠けてしまう状態を
「ほつれ」といいます。
割れと同じくらい
頻繁に起きて
しまう破損です。

☜44ページ

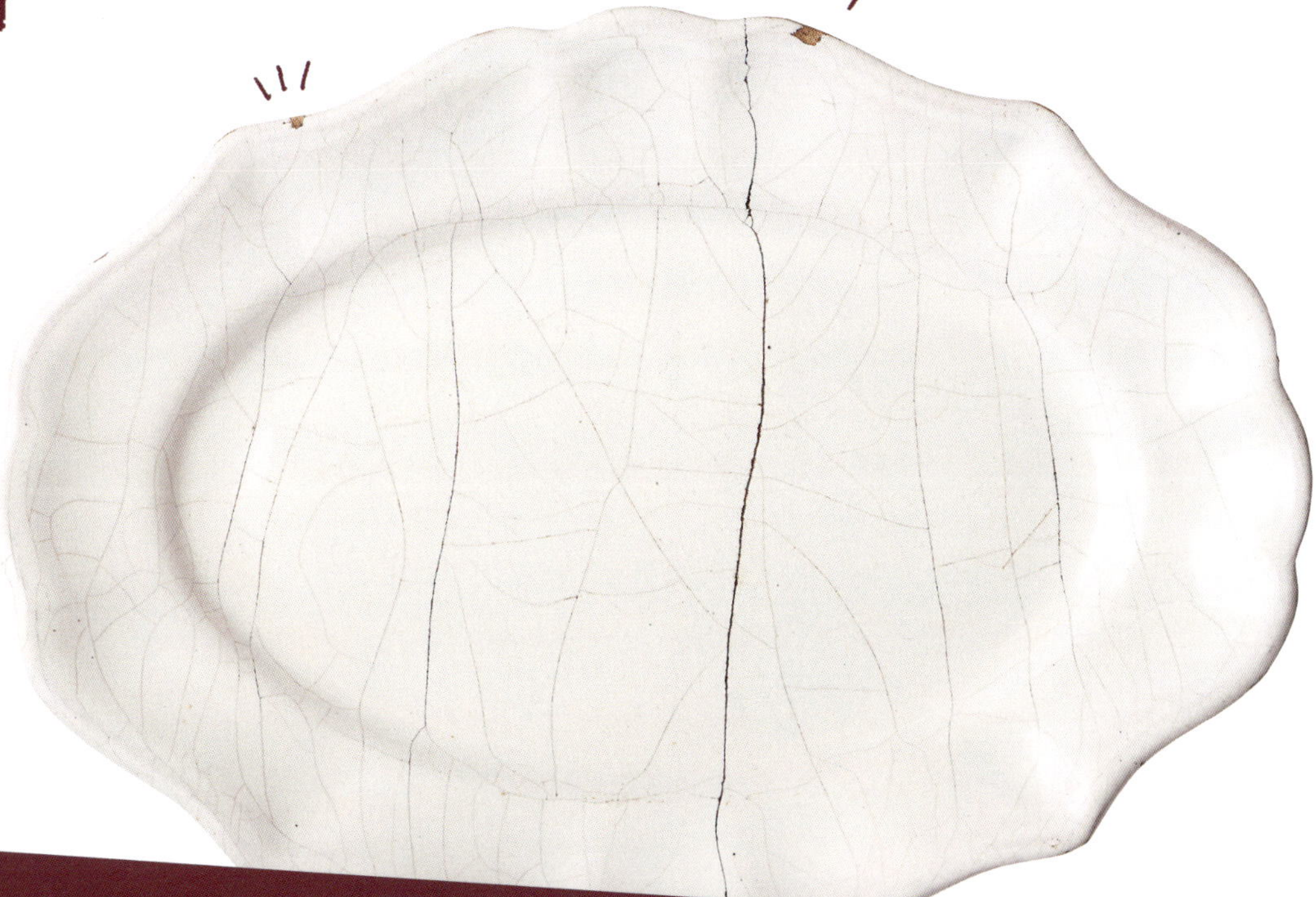

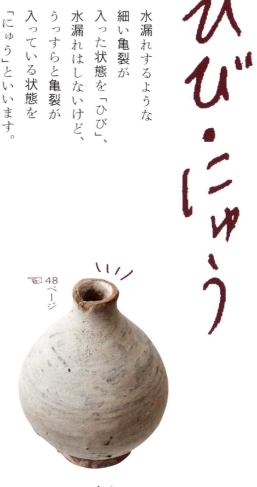

金継ぎとは？

おおらかに楽しみましょう

「金継ぎ」とは、単純にいうと器の修理技法のことです。現代の金継ぎにはいくつかの選択肢があります。

①合成樹脂（パテ）や接着剤で接着して、金の塗料で仕上げる簡易的な方法
②合成樹脂（パテ）や接着剤で接着して、最後の金線だけ漆を使う方法
③全行程を漆で繕う伝統的な技法

それぞれ目的が異なり、適材適所です。どれにするかは「どんな気持ちや考え方で器を直すか」に合わせて、持ち主が決めることです。

本書では、著者がもともと漆職人であるため、③のやり方で説明しています。もしも合わないと感じたら、別の方法を選んでもいいでしょう。

ひとつ言えるとすれば、手間暇かけて大切な器を繕うならば、「なるべく体に害のないものを選んでもらえたら」ということです。天然素材である漆で繕えば、体に無害であり、やり直すこともできます。少し時間はかかっても、愛情を込めて手間をかければ、それだけ良いものができます。

「金継ぎ」とは、器を「愛おしむ」、「慈しむ」気持ちなのだと思います。

「やつす」という言葉があるのをご存知でしょうか。「みすぼらしく変装する」という意味に思われがちですが、「お化粧する」「おめかしする」という意味があるそうです。金継ぎも、器をお化粧するような気持ちで楽しんでみてください。

漆について

漆は「ウルシ」という木の樹液で、優れた天然の高分子塗料です。日本では一万二六〇〇年前の漆の木が出土しており、縄文時代前期から栽培され、採取されてきました。ヤジリや弓矢、土器などに塗られていたことがわかっています。

金継ぎもかなり古くからある技法です。割れや欠けを繕ったり、砂と練って土器を穴埋めしたその歴史は長く、脈々と受け継がれて現代に至ります。

漆は、簡単にいうと強力な自然塗料です。衣類に付着して乾いてしまうと、染み込んで絶対に落ちません。また、皮膚の水分やタンパク質と相性が良いため、皮膚に付着して乾くと落ちにくくなり、かぶれてしまいます。最初は

塗料としてのあまりの不思議さと強力さに驚くかと思いますが、この唯一無二の素材を大いに楽しんでみてください。

漆風呂について

漆風呂

「漆風呂」とは、漆の木製戸棚型の乾燥設備のことで、古くから漆工関係者に使用されてきました。内部に桟を渡して棚を設けられるようになっており、奥行きのある靴棚のような形をしています。一般では入手が難しくても、茶箱か木箱、ダンボールなどで代用が可能です。

本書では、箱型であり、中を湿らせることができて、適度に湿気が逃げるダンボール箱をおすすめしています。プラスチック素材だと湿気がこもり、中に入れた布にカビが生えてしまうことがあります。

漆は湿気で乾く

漆の乾燥硬化は「洗濯物が乾く」のとは異なります。漆の中のラッカーゼ酵素が空気中の水分を取り込んで働く「酸化重合」によって固まる、酵素反応が漆の乾燥硬化です。そのため、固まるためには温度と湿度が欠かせません。この酸化重合の作用を活発にするためには、下記のように調湿した空間が必要です。湿度計や温度計を箱に入れて、最適な環境を保つようにしましょう。

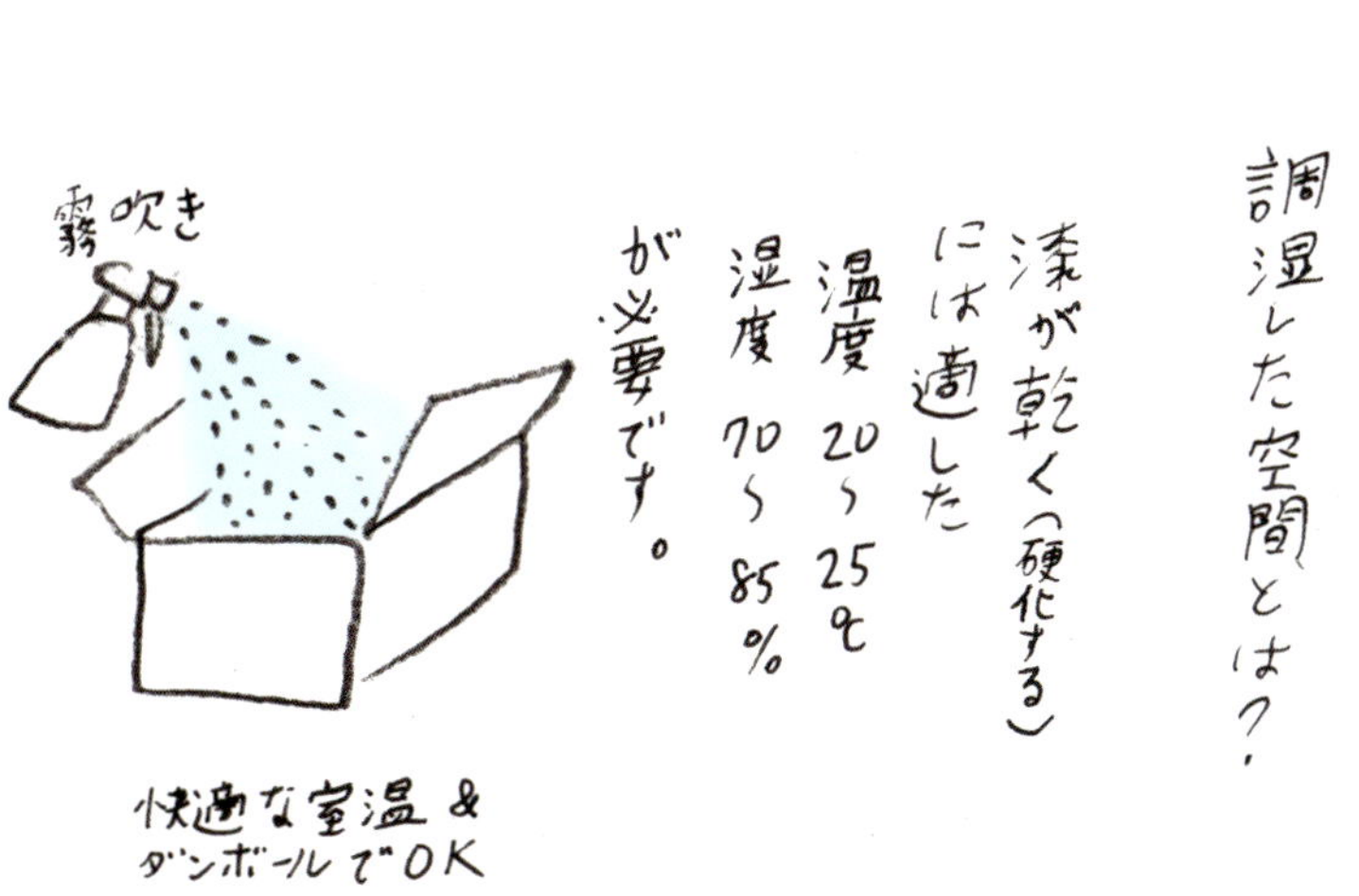
調湿した空間とは？
漆が乾く（硬化する）には適した
温度 20～25℃
湿度 70～85%
が必要です。
霧吹き
快適な室温＆
ダンボールでOK

ざっくり工程表

割れ
下処理
リューター
接合（麦漆）
切削・研削
（研ぎ）
サンドペーパー
小さい穴埋め
（サビ漆）
欠け
下処理
充填
（コクソ漆）
切削・研削
（研ぎ）
ひび・にゅう
下処理
リューター
（ダイヤモンドビット）
接合
（うすめた麦漆）
テープで固定
ほつれ
下処理
小さい
欠け、
穴埋め
（サビ漆）

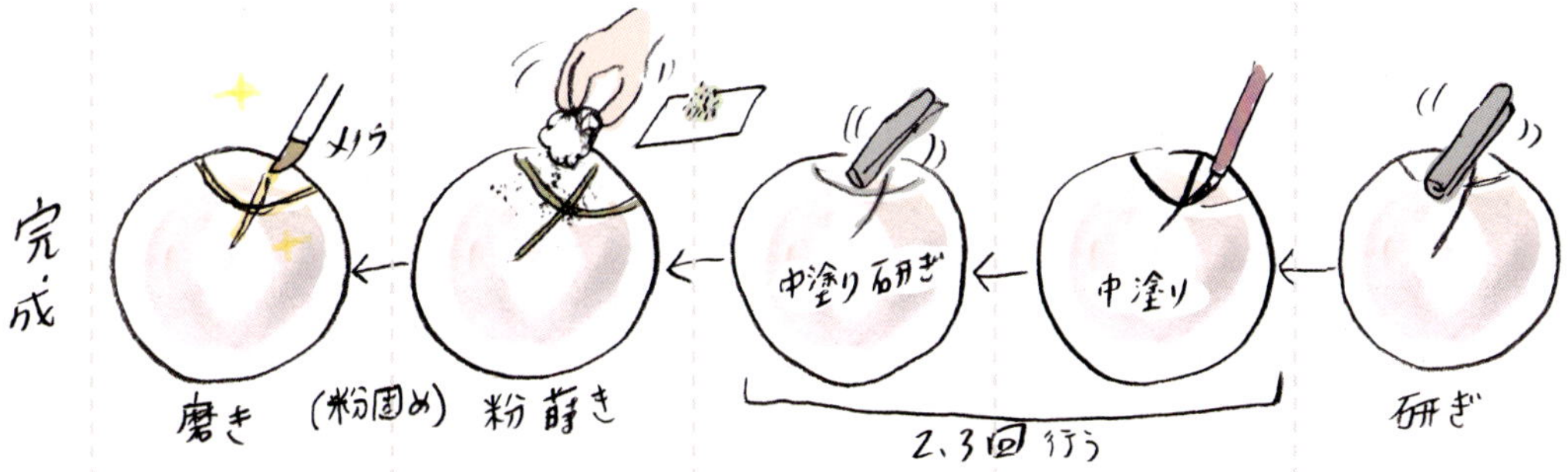
研ぎ
中塗り
中塗り研ぎ
2、3回行う
粉蒔き
(粉固め)
磨き
メノウ
完成

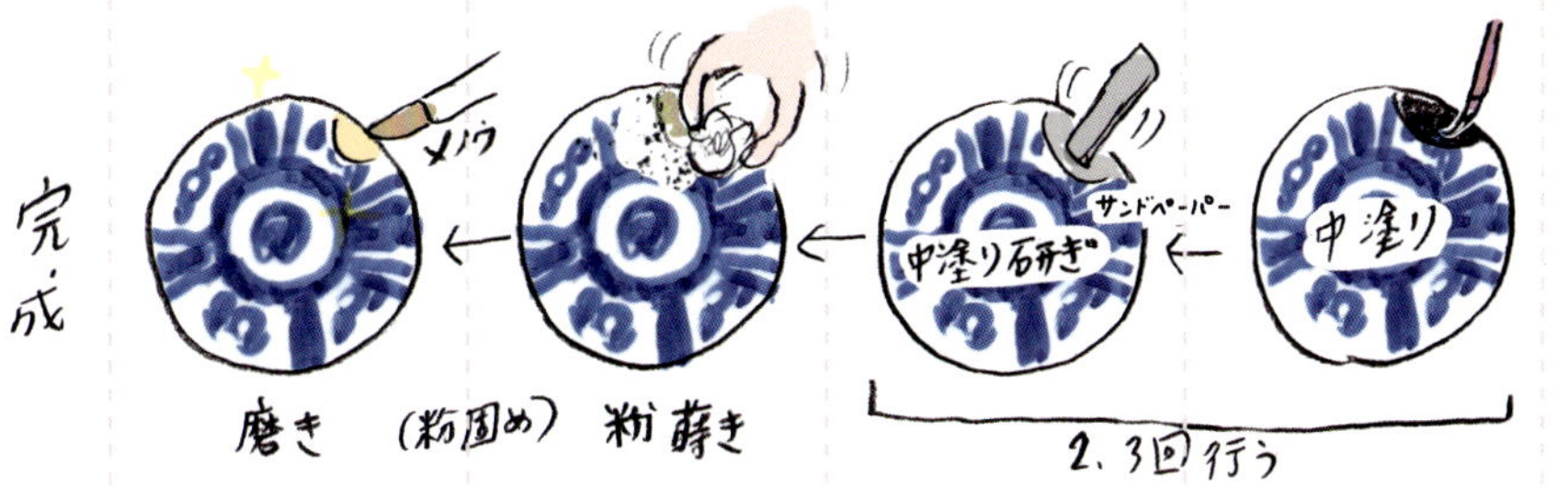
中塗り
サンドペーパー
中塗り研ぎ
2、3回行う
粉蒔き
(粉固め)
磨き
メノウ
完成

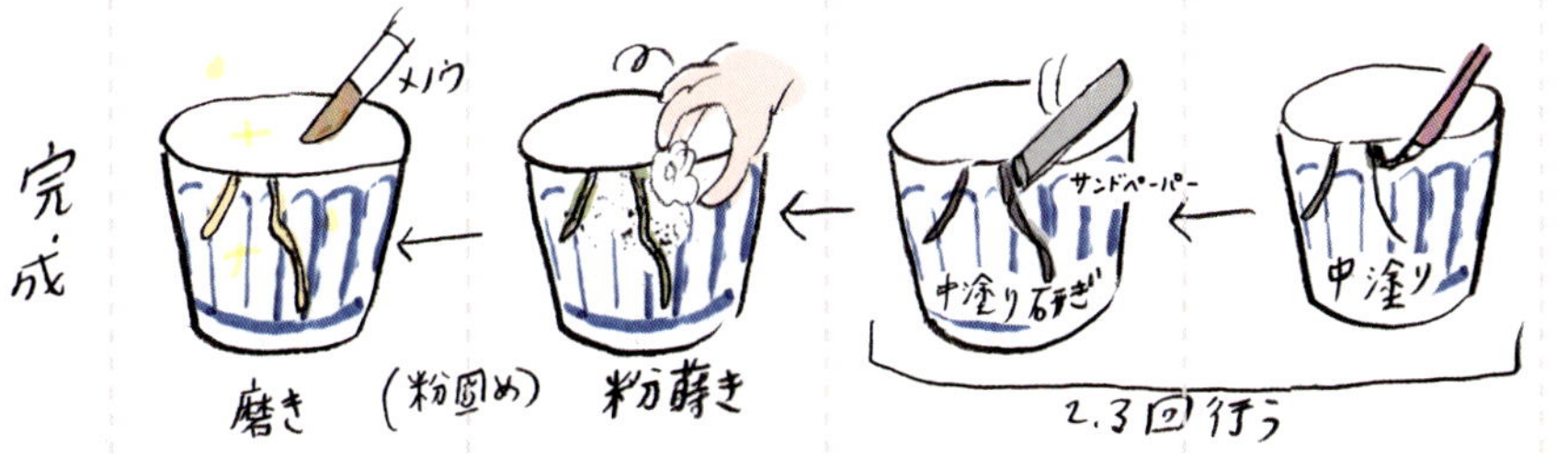
中塗り
サンドペーパー
中塗り研ぎ
2、3回行う
粉蒔き
(粉固め)
磨き
メノウ
完成

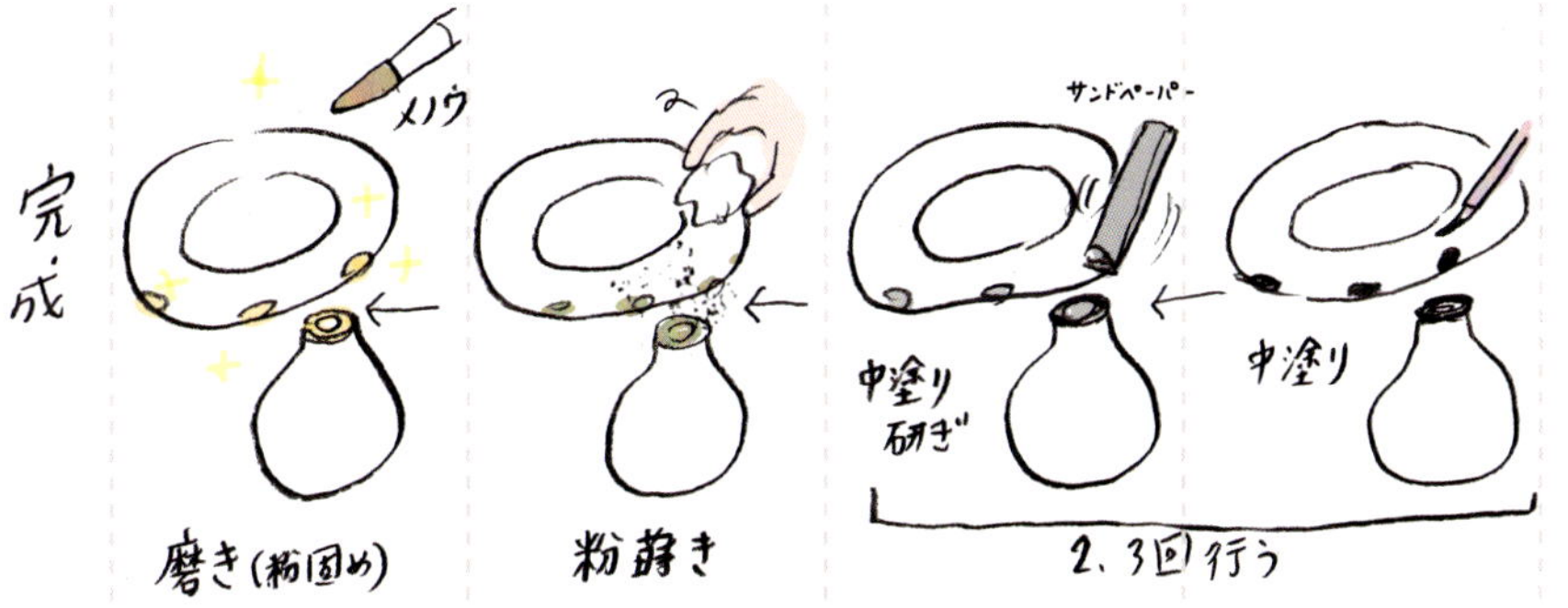
中塗り
サンドペーパー
中塗り研ぎ
2、3回行う
粉蒔き
磨き(粉固め)
メノウ
完成

前処理

丈夫できれいな金継ぎのために、最初が肝心です。

道具

a 生漆《きうるし》（漆の木から掻き取ってゴミを濾過した原料漆のこと。主に下地、固め、拭き漆に用いる。粒子が不均一で、塗りには向かない）

b めん棒

c ＊ガラス板（木板やアクリル板も可）

d ＊ゴム手袋（100円ショップなどの使い捨てのもの。漆を扱う際は必ずする）

e リューター（100円ショップなどでも買える）

f マスキングテープ

g ＊ウエス（漆を拭くので、汚れてもいいもの。ティッシュペーパーでもOK）

＊ガラス板、ゴム手袋、ウエスの3つは、漆を扱う全工程で必要です。本書ではこれ以降、3つの道具の紹介を省略しています。

面取りするとたくさん
漆が入ってくれて
漆の食いつきが良い。
やらない人もいる。

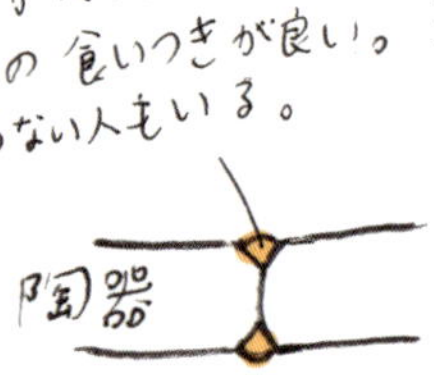

割れ・ひびの場合

＼ゴム手袋をする前に！／

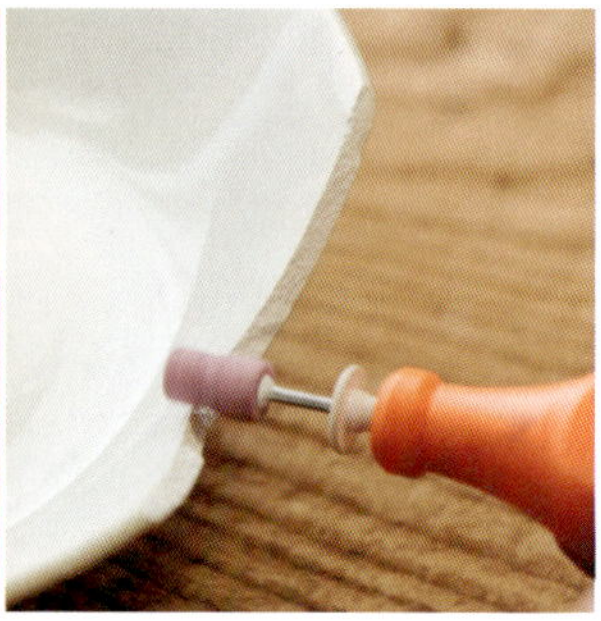

ゴム手袋をする前に、まずは「面取り」とマスキングテープの準備をします。面取りでは、リューターや荒めのやすりで割れ断面の角を削っていきます。マスキングテープを短く切ってガラス板の端にストックしておきましょう。

手順

1

ガラス板に少量の生漆を出します。

ここから漆を使うので、必ずゴム手袋をしましょう。
※本では写真の見やすさのためにはずしています。

2

めん棒に生漆をとり、割れの断面すべてに薄く塗っていきます（コツ）。

3

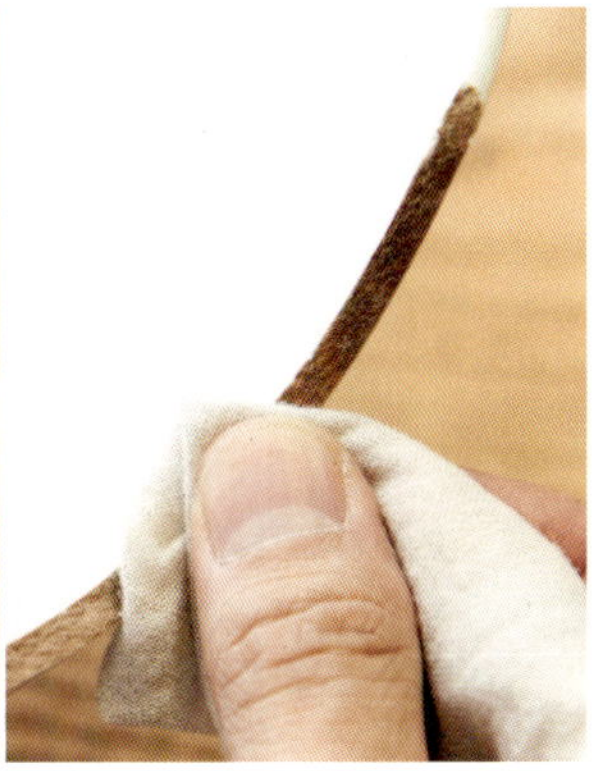

ウエスで余分な漆を拭き取ったら、漆風呂（30ページ⑥）で一日ねかせましょう。

⇦ 一晩ねかす

漆風呂でねかせるかわりに、電気炉かオーブンで、120度で2時間ほど高温硬化させる「焼き付け」という方法もあります。

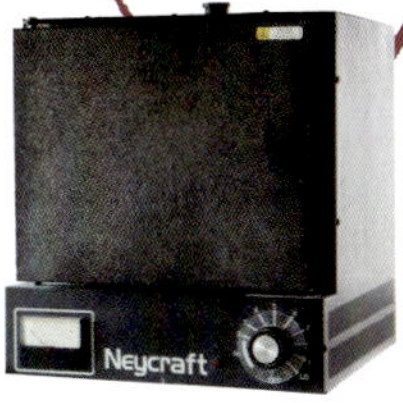

コツ

漆が染みちゃった!?

陶磁器の種類によっては、なにも塗らずに生漆を塗ると、写真のように生漆が釉薬の下に漆が染み込んで「おねしょのシミ」のようになってしまうことがある。心配な時は、生漆を塗る前に膠《にかわ》、白漆、卵白などを塗っておくことで、シミを防げる。

接着用「麦《むぎ》漆《うるし》」

破片どうしを接着するときに使う、「接着剤」の役割の漆です。

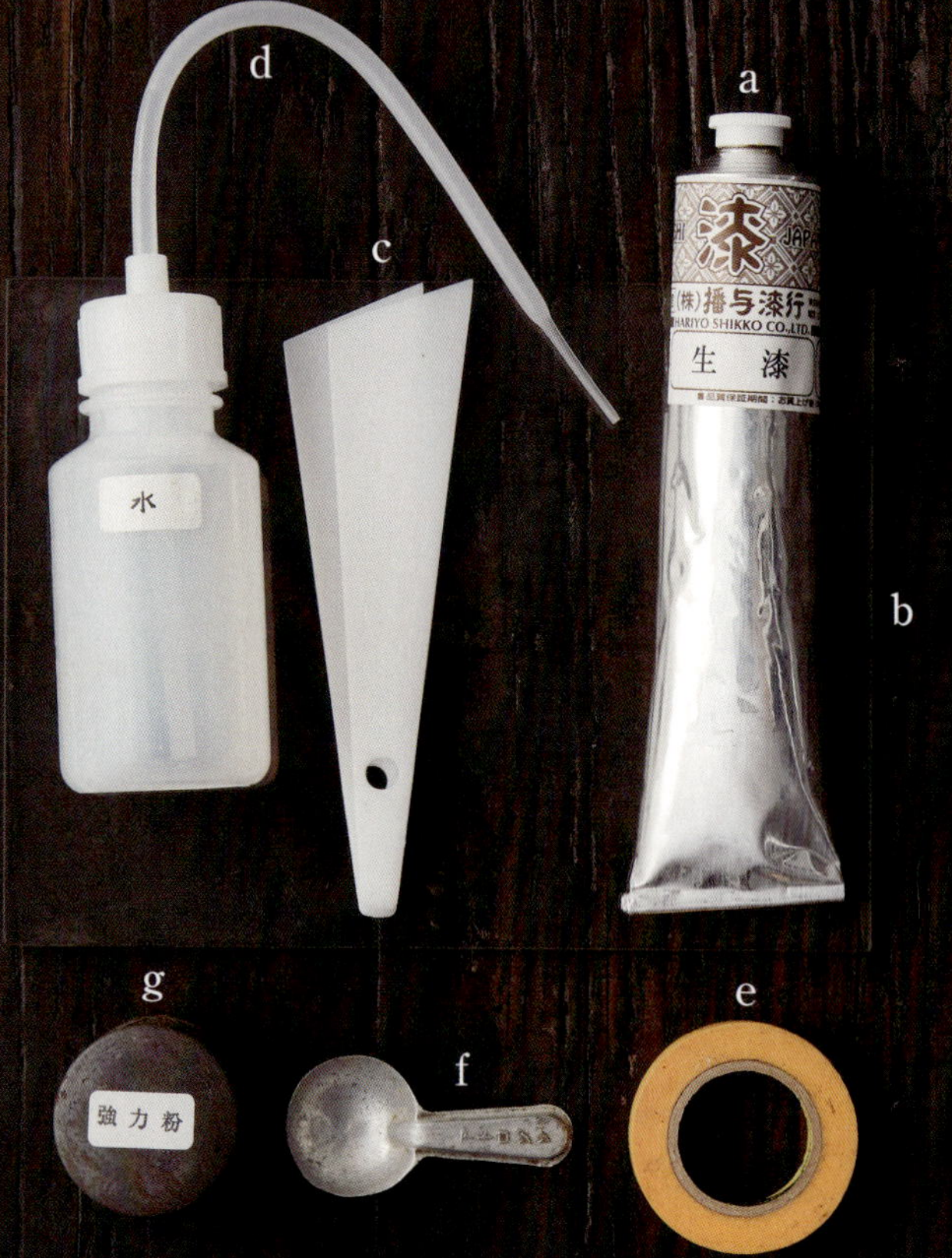

道具

a 生漆
b ガラス板
c プラスチックヘラ2本（1本は予備。道具を使う際に2本あると便利）
d 水
e マスキングテープ
f 強力粉用スプーン
g 強力粉（一般的な料理用小麦粉でOK）

手順

①

前処理（20ページ）で使った生漆の隣に強力粉を出して、水と合わせます。

もんじゃ焼きみたいな土手を作る。

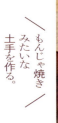

②

噛んだ後のガムの固さくらい！

水と強力粉をプラスチックヘラで練ります。粘着性が出てきたら、練った強力粉に対して1.5〜2倍の生漆を、少しずつ混ぜ合わせます。

③

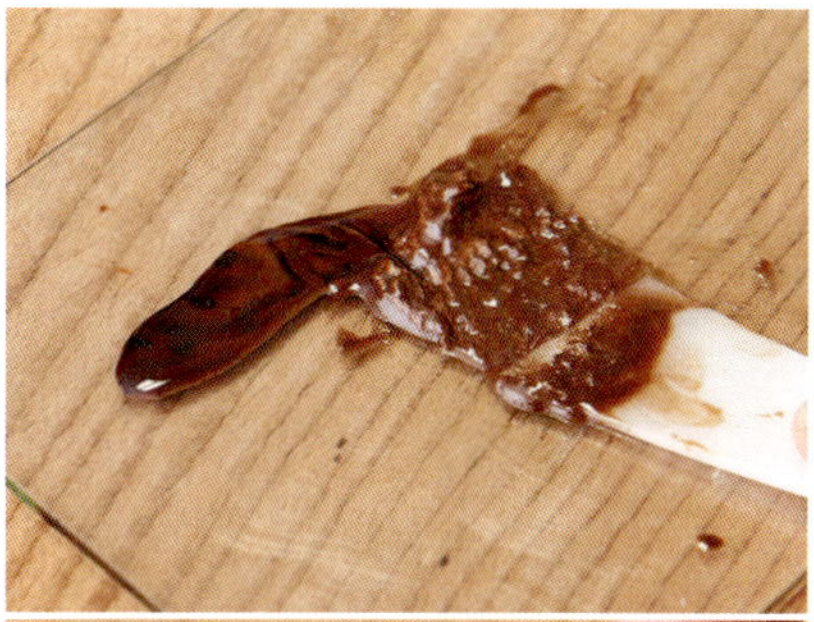

写真のように10cmほどの糸を引くくらいが、ちょうどいい粘りです。粘りが足りない場合、生漆の量で粘り気を調整したら、麦漆の完成です（コツ）。

④

漆は空気に触れるとどんどん変色していくので、作業中はプラスチックヘラをふたのようにすると良いです。作りすぎて余ってしまっても、ラップに包めば2〜3日はもちます。

コツ

粘り気は生漆で調整

麦漆が固いからといって、水では薄まらない。必ず生漆の量で調整する。

なぜ？ なに？

なぜ強力粉を使うの？

小麦粉に加水して練ることで、タンパク質が繊維となって絡み合い、グルテンの粘りが生まれる。本書ではもっともグルテンが多く粘りが強く、扱いやすいため強力粉を使っている。のり（麦漆）分の厚みを出したくないときは、中力粉や薄力粉を使う。

穴埋め用「錆《さび》漆《うるし》」

細かい穴を埋めるための漆です。

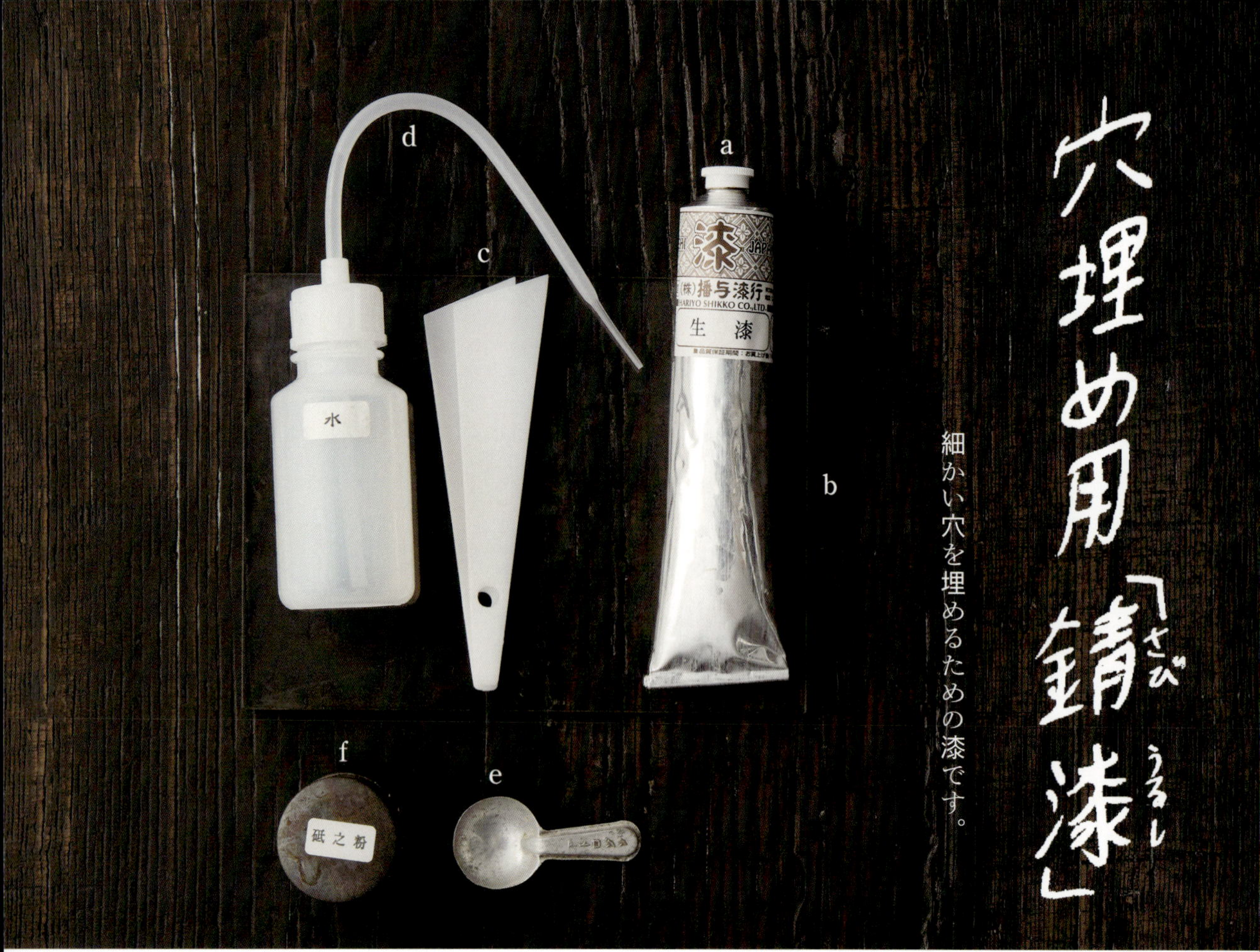

道具

a 生漆
b ガラス板
c プラスチックヘラ2本
d 水
e 砥之粉《とのこ》用スプーン
f 砥之粉

手順

1

ガラス板にスプーン1杯ほどの砥之粉をだします。円形に土手を作って、真ん中に少しずつ水を加えましょう。

22ページの麦漆同様に土手を作る。

②

テカー
水が多い

つぶつぶ
ぼそぼそ
水が足りない

水と砥之粉を粉っぽさがなくなるまでよく練ります。理想は写真のような「からし」くらい。水練りした砥之粉に、照明の灯りで「てかり」があれば、水が多い証拠。つぶつぶしていたり粉っぽい場合は、水が少ないということなので、調整しましょう。

「からし」くらいの固さです。

③

10 : 6

練った砥之粉に生漆を加えます。練り砥之粉が10なら、生漆は6くらいです（コツ）。つぶつぶが残らないように練ったら、細かい穴埋めに用いる錆漆の完成です。

④

錆漆も、麦漆同様に空気に触れてどんどん変色していきます。錆漆は乾燥が早いので3分に1回はヘラで練り直しましょう。

コツ ▷ 生漆は必ず砥之粉の隣に出す

チューブから生漆をガラス板に出すときは、③の水練り砥之粉の上でなく、隣に出そう。写真のようにかぶせて出してしまうと10対6の割合がわかりにくくなってしまう。

コラム1

漆かぶれについて

漆かぶれは、漆が乾く際に皮膚と反応して炎症を起こすことで発症するものです。発症には体調、体質、季節などにより個人差があり、金継ぎ部員でも、5～10％の確率で発症しています。新陳代謝が活発で、汗腺も開いている夏のほうが、かぶれやすいとされています。肌に直接漆がつかないような露出の少ない服装が、理想的な金継ぎファッションです。

漆が皮膚に付着したら

早めに植物油で拭き取ってください。漆は水では落ちません。帰宅後は早めにお風呂に入り、軽石などでこすって落としてください。

漆かぶれの症状

付着から1週間程度の潜伏期間があります。瞼《まぶた》や首、手足、お腹などの皮膚の柔らかい部分にかゆみを伴って小水発疹ができます。数日がピークで、その後減退し、10日ほどで傷跡を残さずに治るのが一般的です。

漆に毒性はなく、花粉症と同じで過剰になると反応を起こし、それがかぶれとなって症状に現れます。潜伏期間があるのはそのためです。

かぶれてしまったら？

すぐに皮膚科に行きましょう。副腎皮質ホルモンを塗るのが一番効くようです。かゆみや腫れがひどい場合は、飲み薬や注射を受けるのも良いでしょう。

※医学的に漆かぶれで免疫ができるかは不明だが、統計上9割の人が徐々にかぶれなくなっている。
※漆の知識がない医師だと一般的なかゆみ止めを処方されることがある。
※漆かぶれ専用の特効薬はない。

民間伝承など

- ビワの葉の焼酎漬けを塗る。
- ムヒS液が即効性の鎮痒効果あり。
- 馬油を塗ってリバテープを貼る。
- 昔は塩水や、沢ガニをすり潰した汁をつけると良いという説もある。
- 夏場などにノースリーブで金継ぎをする人もいるが、これがなかなか危険。とにかく皮膚を出さないことも、予防策として有効。
- ワセリン、ニベアなどを予め肌に塗ると多少は予防になる。

第2章 金継ぎの基礎

金継ぎでは、
最初に破損部分を漆で繕い、
最後に繕った部分に
金属粉を蒔いて仕上げます。
この章では、「割れ」「欠け」
「ひび・にゅう」「ほつれ」といった
初心者でも繕いやすい作例を
たどりながら、仕上げの手前までの
工程を紹介します。

割れ

2つ以上に割れてしまった状態。

道具

- a 細めの筆（蒔細筆や0号の筆など）
- b ペンカッター（31ページ）
- c 竹ヘラ
- d リューター
- e 両刃カミソリ（31ページ）
- f プラスチックヘラ2本
- g 強力粉
- h 砥之粉
- i 水
- j サンドペーパー（400番、800番）
- k マスキングテープ
- l 生漆
- m 黒呂色漆（黒色の上塗り漆。漆の成分ウルシオールと鉄分を反応させて精製させたもの。いろいろな名前の漆があるが、すべては生漆をもとにしており、加熱・攪拌《かくはん》して精製したり、顔料を練り合わせて作られている）
- n めん棒

手順

1

まずは前処理。リューターや荒めのやすりで面取り（20ページ）をしたあと、すべての割れの断面に生漆を塗って一晩ねかせます。

⇦ 一晩ねかす

2

割れ断面の片面に竹ヘラを使って接着用の麦漆（22ページ）を薄くムラなく塗りましょう（両面に塗る方法もありますが、片面だけで充分です）。

ゴム手袋をする前に、多めにマステをちぎっておきましょう

3

もしも3つ以上に割れていたら、まずは小さいカケラ同士をくっつけていきます。大きい破片から始めると、後で小さい破片が入らなくなるケースがあるためです。ぎゅーっと両側から圧をかけ、しっかりくっつけてマスキングテープで固定しましょう。

④

小さな破片どうしからくっつけていきます。

接着した破片のかたまりの断面に、再び麦漆を塗ります。その断面をさらに大きい破片や母体にくっつけましょう。この時もしっかりと力をかけて圧着させます。

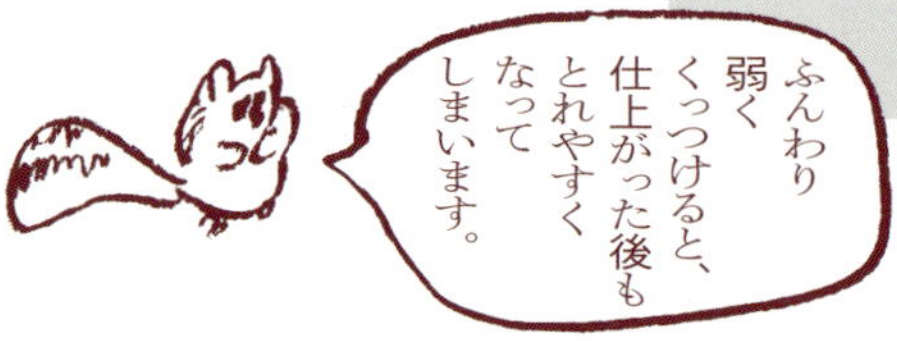
ふんわり弱くくっつけると、仕上がった後もとれやすくなってしまいます。

⑤

マスキングテープを等間隔で貼ります（コツ1）。

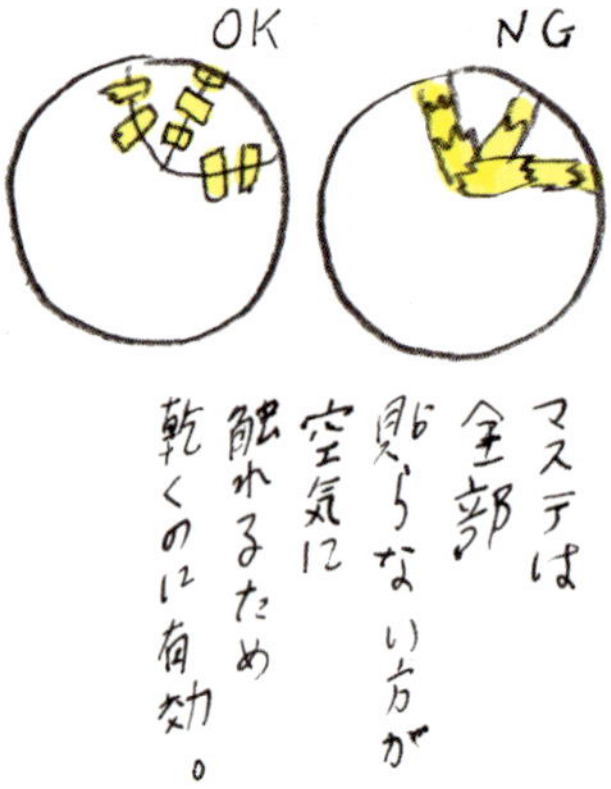
OK
NG
マステは全部貼らない方が空気に触れるため乾くのに有効。

⑥

漆風呂（17ページ）でねかせて漆を硬化させます。器が収まる大きさのダンボールの内側を濡れ布巾や霧吹きなどで湿らせます。器の下にはベニヤなど板を敷きます。ふたをして一週間ねかせましょう（コツ2）。

⇦ **一週間ねかす**

ダンボールで作れます。

コツ1

マスキングテープは一定の間隔で

マステは間隔を空けて貼るほうが、空気に触れて乾きやすい。

マンガに出てくる貧乏な家の窓ガラスみたいにテープを貼ります。

⑦

刃の扱いに注意！

⑧

1週間後、はみ出た麦漆をペンカッターやカミソリで削り、きれいにします。私はペンカッターの軸に市販の刃を付け替えたもの、または両刃カミソリの刃の片方を厚紙などで巻いたものを使用しています。

小さなみぞや欠けがまだあるときは、錆漆（24ページ）で埋めておくと、継ぎ部分がなめらかにきれいに仕上がります。

⑨

目に見えない細かい溝や欠けもあるので、継ぎ目全体を錆漆で埋めるとより安心です。

⇦ 一晩ねかす

コツ2 ねかせすぎに注意！

漆風呂でねかせるときには、「ねかせすぎ」に注意。あまりに時間が経つと、漆が固くなりすぎて⑦の削る作業が大変になってしまう。

器にキズをつけないように、なるべく「点」で研ぎましょう。

10

翌日以降、埋めた錆漆を、筒状に丸めたサンドペーパー400番で整えます。耐水サンドペーパーに水をつけながら行いましょう。

中塗り1回目！

11

中塗り1回目です。ガラス板に黒呂色漆を出し、細筆で継ぎ目に塗っていきます。割れの場合、薄く細く塗ると、金粉で仕上げた際に美しくなります（コツ3）。

12

温度20～25度、湿度70～85％に調整しましょう。

再び漆風呂で漆を硬化させます。

⇦ **一晩ねかす**

コツ3

中塗りをきれいに塗るには？

中塗り2回目以降、線はだんだん太くなるので、1回目はできるだけ細めに塗る。

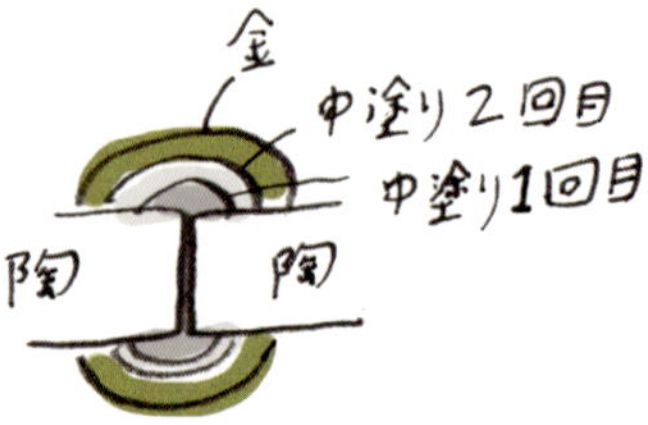
金
中塗り2回目
中塗り1回目
陶
陶

コツ4

どのくらい研ぐ？

線をきれいに見せるために、塗面が研ぎついている必要がある。一回目の中塗りでは6割ほど、二

中塗り2回目！

13

一晩ねかす

一晩ねかす

研ぎ⇩中塗り2回目⇩漆風呂で一晩ねかせる⇩研ぎ⇩中塗り3回目⇩漆風呂で一晩ねかせる。このように中塗りを繰り返します。

中塗りは2回もいいけど、3回やると線がなめらかになります。

中塗り3回目！

14

サンドペーパ800番で、8割がたマット（艶のない状態）になるようなイメージで研ぎます。あまり研ぎすぎると、線が全部取れてしまうことがあるので、整える程度にしましょう。次はいよいよ仕上げです。

☜ いよいよ仕上げ！49ページへ

サンドペーパーより市販のクリスタル砥石をマッチ棒程度の細い棒状に加工してピンポイントで当てると器もキズつかず安心です

回目の中塗りでは8割ほど研ぐイメージで、碁石や硯《すずり》のようにマットになっているのが理想。線が細く、よくわからない場合は、なんとなくで大丈夫。

なぜ？ なに？

なぜ何度も中塗りするの？

金継ぎの強度を高めるため。また、線を整えるためや、面をきれいにするためでもある。単純な繰り返し作業でも、きれいな仕上がりのためには欠かせない。

欠け

欠損して破片がない場合。

道具

a　細筆
b　ペンカッター（31ページ）
c　竹ヘラ（つくねの串やねんどヘラでもOK）
d　プラスチックヘラ2本
e　木粉（おがくず）
f　めん棒
g　水
h　サンドペーパー（400番、800番）
i　強力粉
j　生漆
k　黒呂色漆

手順

①

薄く塗ろう！

まずは前処理。ガラス板に少量出した生漆を、めん棒で欠けた断面に塗ります。最後にウエスやティッシュで拭き取るので、濡れていれば十分です。漆には浸透力があります。

化粧水のような役割ですね。

②

1
:
2

次に欠けを埋めるための、「刻苧《こくそ》漆《うるし》」を作ります。麦漆（22ページ）と木粉を1対2となるようにガラス板に出します。

③

木粉がなくなるまでプラスチックヘラでよく混ぜましょう。コロンとしたねん土のような固さになるまで調整します。

上品にいうと、ワンちゃんの落としものくらいの固さです。

4

刻苧漆を欠けた部分に竹ヘラで盛りつけ、指で形を整えましょう。その後、漆風呂で一週間〜10日間ほど硬化させます。欠けが大きいときは2度、3度に分けて、毎回硬化させながら盛りつけていきましょう。

一週間ねかす

木粉を打ち粉がわりに指になじませてから押さえると指が汚れません。ラップで包んで押さえる方法もあります。

5

ポロッと取れないように気をつけます（コツ1）

ペンカッターで形を整えます。なるべく刃物全体を使って「そぐ」ように削ります。カーブのある面には、カミソリの刃（31ページ）を使うとフィットします。

削りすぎて元々の高さより低くならないように注意しましょう。

なぜ？なに？

刻苧漆とは？

漆下地の材料のひとつ。麦漆と木粉を混ぜて固練りした、いわば漆のパテ。本来は苧麻（ちょま・からむし）を刻んだものを呼ぶ。人によっては、刻苧綿、地の粉、シャモット（陶土の粉）を入れることもある。

コツ1

ぽろっと取れたら……

刃の切れ味が悪かったり、刃を当てる角度によっては刻苧漆自体がぽろっと取れてしまうことがあるので要注意。万が一取れてしまっても、捨てずに麦漆でもう一度接着する。

ポロ
あっ
全部とれた…

6

サンドペーパー400番を棒状に折って、表面が平らになるまで水研ぎします（コツ2）。

7

刃物で削りすぎたり、まだデコボコがあるようなら、刻苧漆や錆漆（24ページ）で埋めて整えます。この作業で、仕上がりが変わってきます。ここで段差なくフラットにするか（面一にする、といいます）、少しふっくらした状態で止めておくかは、個人の好みです。

⇦ 一週間ねかす

8

中塗り1回目!

中塗り1回目です。ここで黒呂色漆を塗ることで、防水などのコーティングの役割を果たします。そのため、刻苧漆や錆漆などの下地全体をしっかり覆うように塗ったら、漆風呂で一晩以上硬化させましょう。厚く塗ると、漆の「たれ」や「ちぢみ」がおこることがあります（コツ2）。

中塗りが足りなくて下地がはみ出ていたら、そこから水が入り込んではがれる原因になってしまうよ！

⇦ 一晩ねかす

コツ2 たれやちぢみに注意！

「ちぢみ」とは、塗った後の塗膜面にできる「しわ」のこと。「ちぢみ」ができてしまったら、塗った層をすべて研ぎ落とさないと跡が残るので、かえって修正に時間がかかることがある。

一回で厚く塗ろうとして「ちぢみ」ができるより、数回に分けて薄く塗るほうが近道だったりする。

9

中塗り2回目!

翌日以降、筒状に丸めたサンドペーパー800番で水研ぎしたのち、中塗り2回目へ。ここでも薄くムラなく塗るのが基本です。再び漆風呂で一晩以上、漆を硬化させます。

一晩ねかす

10

再びサンドペーパー800番を使って水研ぎします。8割がたマットになるイメージで整えたら、いよいよ仕上げの工程へ!

ここで完成とする「漆仕上げ」もステキだと思います(キリッ)。

いよいよ仕上げ! 49ページへ

コラム2

道具の洗い方、使い始め

毎回の工程が終わったら、道具を洗って片づけましょう。漆は水では落ちません。油で落とします。

大まかに分けると、油には2種類があります。

①不乾性(乾かない油)油

②乾性(乾く)油

この2つを、道具の素材に合わせて使い分けましょう。

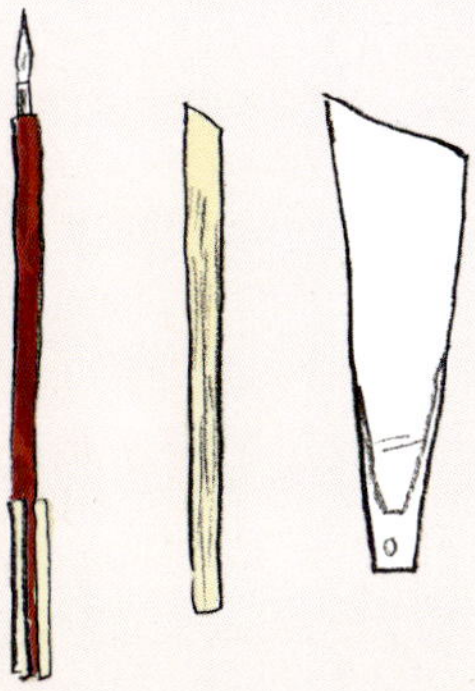

筆の洗い方

菜種油、サラダ油、オリーブ油などの不乾性油を使って洗います。

まず、五百円玉くらいの菜種油をガラス板の上に出します。汚れた筆の毛に油を充分に含ませ、最初に出した油とは別の場所で、棒で漆分をしごき出します。

この動作を油が透明になるまで6〜7回ほど繰り返しましょう。漆分が少しでも残っていると、漆が固まり、筆がダメになってしまいます。徹底的に落とすことが大切です。洗い終わったら、油を多めに含ませて保管します。

ヘラやガラス板の洗い方

ヘラやガラス板を洗うには、テレピン油*を少量出して、漆とよく混ぜあわせるように洗浄した後、ウエスやティッシュで拭き取ります。テレピンと菜種油を混ぜて掃除すると不思議とよく落ちます。

＊松精油。油絵などに使われる

筆の使い始め

筆は油を含ませて保管しています。使い始めには、その油を完全にウエスやティッシュで拭き取りましょう。筆に油が残っていると、漆が乾かない原因になります。

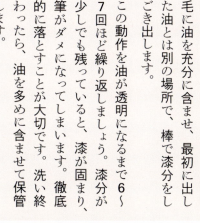

ひび・にゅう

明らかな亀裂は「ひび」。
それ以外のスジが
「にゅう」です。

a
b
c
d
e
f
g
h
i
j
水
テレピン油
強力粉
400
P400
800
P800
漆
(株)播与漆行
HARIYO SHIKKO CO.,LTD.
黒呂色漆
生　漆

ビミョーな細い「にゅう」は金継ぎするか迷うよね。

道具

a 細めの筆
b ペンカッター（31ページ）
c リューター
（先端は球型や砲弾型のダイヤモンドビットがおすすめ）
d プラスチックヘラ2つ
e テレピン油
（油絵などに使う松精油または片脳油）
f 水
g サンドペーパー
（400番、800番）
h 強力粉
i 生漆
j 黒呂色漆

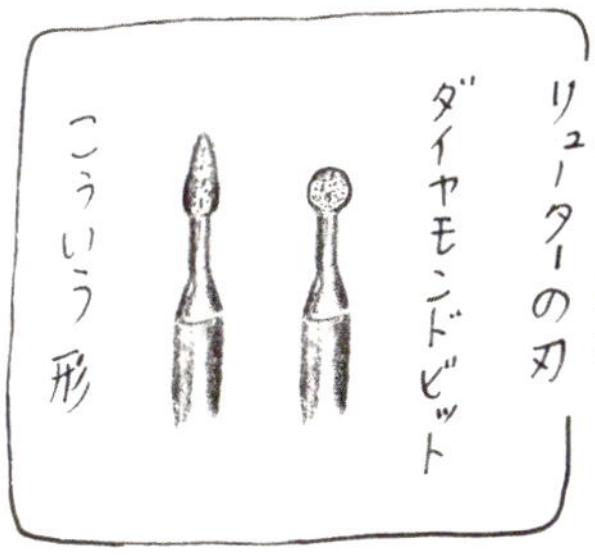
おすすめのリューターの刃
ダイヤモンドビット
こういう形

手順

1

やりすぎ注意！

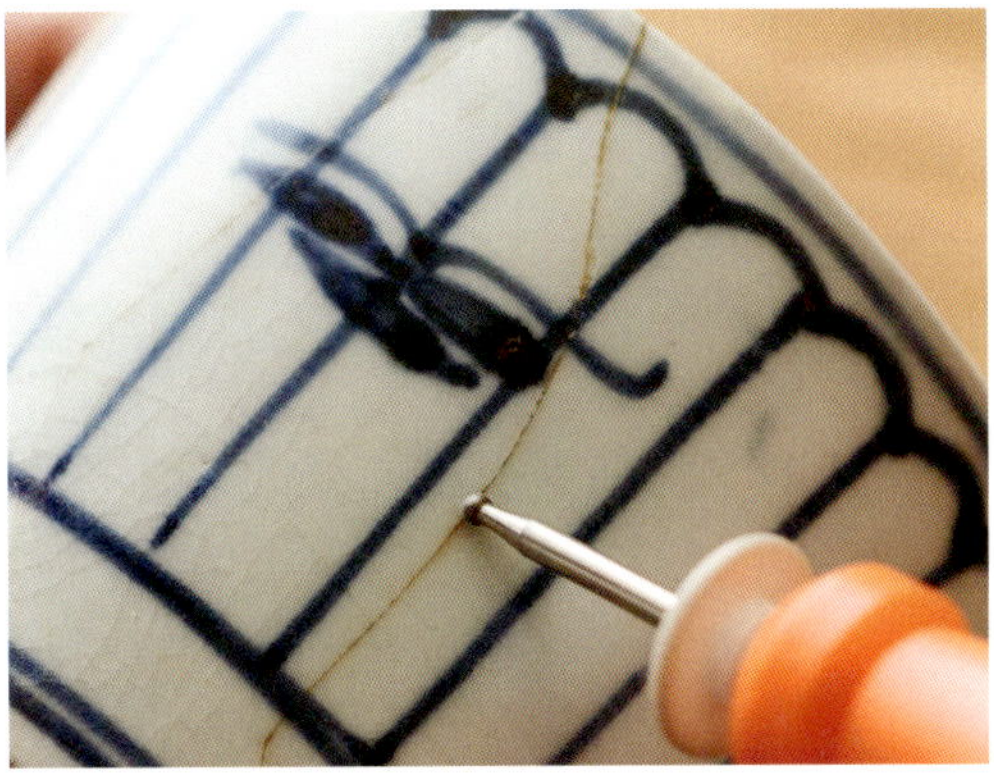

最初に、リューターで割れ目をなぞります。器表面の釉薬がガラス質なので、少しでも荒らして漆の食いつきを良くするためです。

圧をかけてギシギシきしむ音がするようなひびだったら、金継ぎしましょう。びくともしなければ、繕わなくても大丈夫。

2

ガラス板に麦漆（22ページ）とテレピン油を用意して、ウスターソースくらいになるように、麦漆を**希釈***していきます。

＊溶液（麦漆）に溶媒（テレピン油）を加えて薄めること

3

ひびの内側と外側の両面に漆を塗りましょう。

希釈した麦漆を細筆にとって、ひびに染み込ませるように**含侵***させます。ひびは内側と外側の両面に塗りましょう。

＊薬剤を圧入し、硬化させて穴を埋める技術

4

①〜④で溶剤（テレピン油）だけが揮発して、中の麦漆が残って接着されます。

塗ってすぐに、表面の余分な麦漆を、ティッシュペーパーやウエスでふき取ります。マスキングテープで固定して、10日ほど硬化させましょう。

⇦ 一週間ねかす

5

中塗り1回目！

中塗り1回目。マスキングテープをはがして、内側・外側ともに細筆で黒呂色漆を塗りましょう。線は「薄く」「細く」のほうがきれいに仕上がります（コツ1）。その後、漆風呂で、一晩以上硬化させましょう。

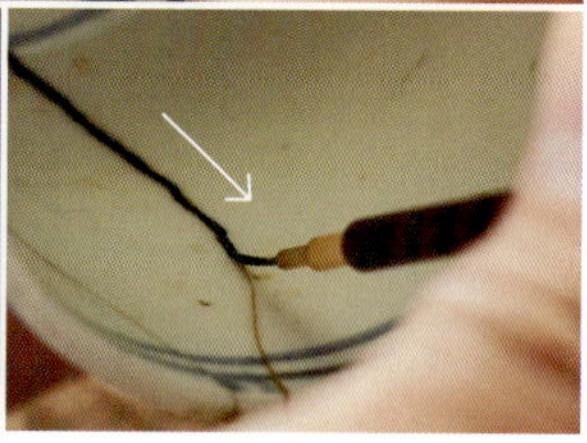

⇦ 一晩ねかす

コツ1 きれいな細い線を引こう！

基本的に自分の使いやすい筆を使って薄く細く塗り重ねる。毛足の長い筆を用いるときは筆全体に漆を含ませ、重力で下に落ちてくる漆で描くと、含みが良く長い線が引ける。

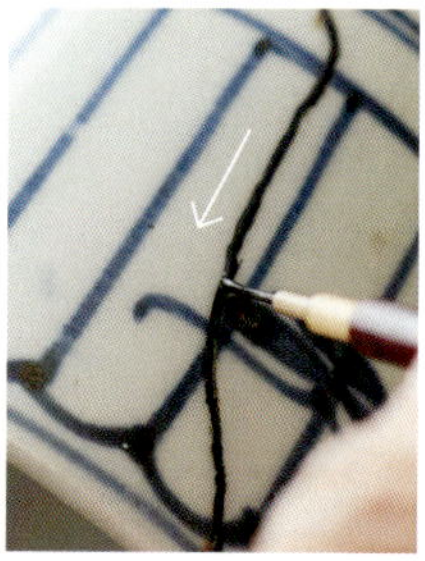

基本的に、筆は手前に引いて描く。

6

中塗り研ぎをします。サンドペーパー400番を棒状に折って、それに水をつけながら研ぎます。艶が6割ほどマットになっていれば、ペーパーが当たっている証拠です。

サンドペーパーより市販のクリスタル砥石をマッチ棒程度の細い棒状に加工してピンポイントで当てると器もキズつかず安心です

線がはみ出たり、太くなってしまった場合はペンカッターで均一に整えます。

7

中塗り2回目へ。再び漆風呂で一晩以上、漆を硬化させます。

中塗り2回目!

一晩ねかす

8

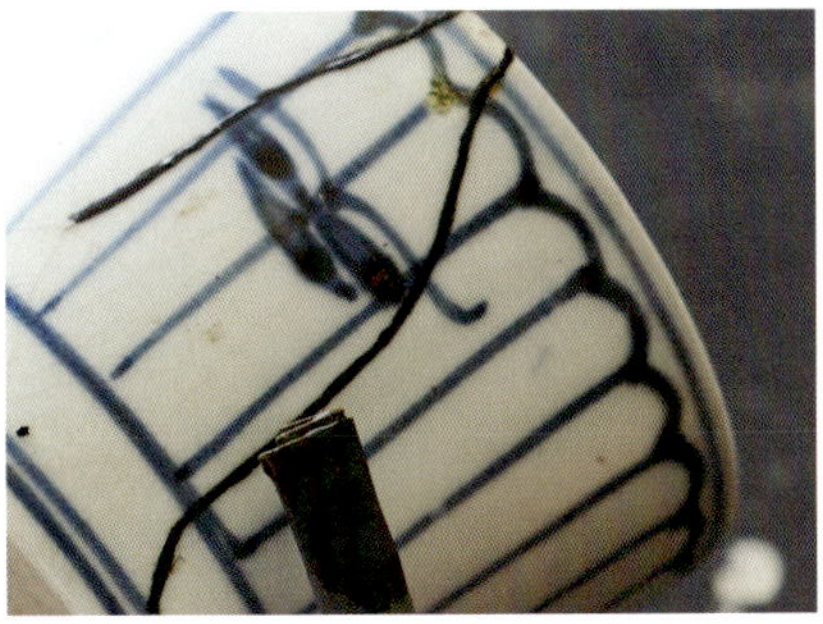

サンドペーパー800番を使って水研ぎで整えたら、次は仕上げの工程です。

いよいよ仕上げ! 49ページへ

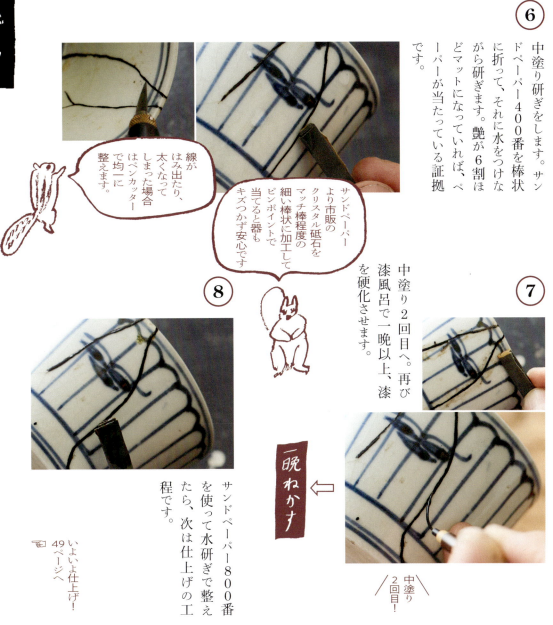

ほつれ

表層がはがれるような軽微な「欠け」。

a
b
c
d
e
f
g
h
i
漆
(株)播与漆行
HARIYO SHIKKO CO.,LTD.
黒呂色漆
生漆
水
砥之粉
400
P400
800
P800
夫婦のきずなもほつれないようにしたいわネ。

道具

a 細めの筆
b 竹ヘラ
c めん棒
d プラスチックヘラ
e 水
f 生漆
g 黒呂色漆
h サンドペーパー（400番、800番）
i 砥之粉

手順

ほつれ
削げ
ハマグリ

ほつれの種類

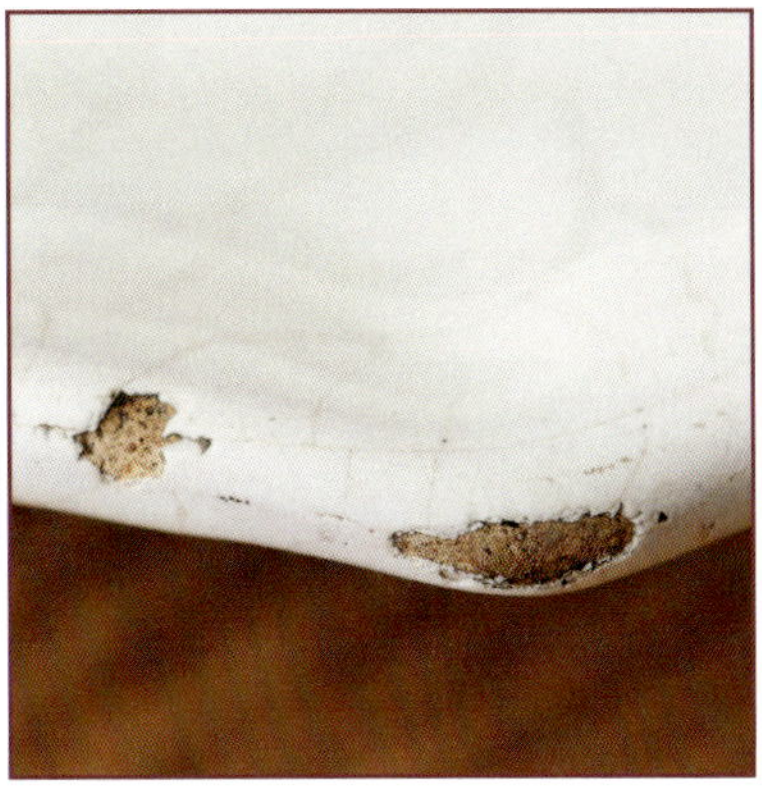

ほつれ（ホツ）
一部分が欠けてしまっている状態

虫食い
釉薬と胎土との収縮率が違うため、釉ハゲを起こしているもの。傷としないで味として楽しむものもある

ハマグリ
削げの一種で陶磁器の削げ部分がハマグリのように同心円の段になっている状態のもの

削げ
口縁などに原型をとどめるくらいに薄く欠け落ちたところ

1

まずは前処理。めん棒で欠けた部分に生漆を塗り、拭き取ります（21ページ）。その後、錆漆を作ります（24ページ）。

2

欠けた部分を錆漆で大まかに埋めましょう。

3

はみ出た錆漆をすくように竹ヘラでカットします（コツ1）。指でさっとなでたり、テレピン油を含ませたウエスで周りを拭きとってもいいでしょう。形がある程度整ったら、一晩硬化させます。

都度ヘラを拭いながら「すく」と上手に行えます。

⇦ 一晩ねかす

＼ 中塗り1回目！ ／

4

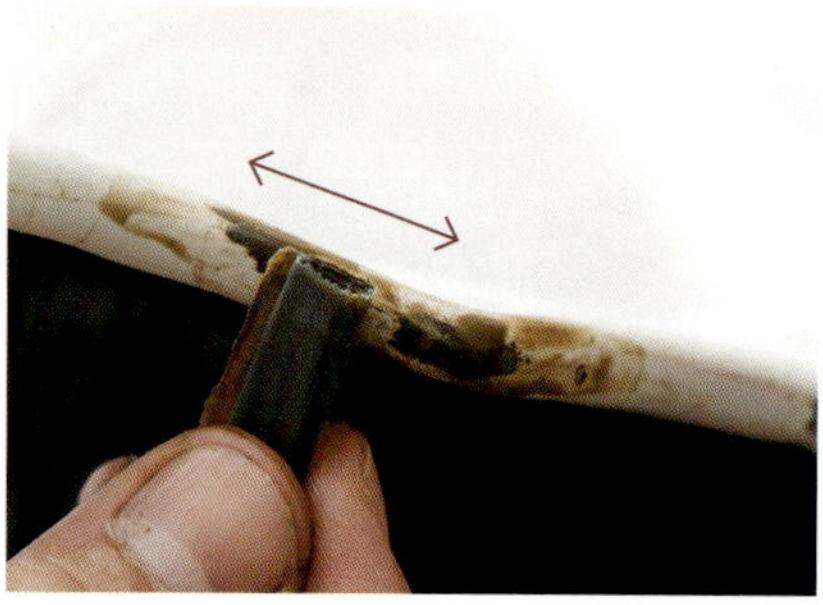

錆漆が乾いたら、サンドペーパー400番で水研ぎをします。

5

中塗り1回目。細筆で黒呂色漆を塗ります。下地を覆うように、薄くムラなく均一に塗って、調湿した漆風呂で、一晩以上硬化させます。

⇦ 一晩ねかす

コツ1

▷錆漆をキレイに盛るには

錆漆で「角」がうまく盛れないときは、こんなイメージで盛りましょう。

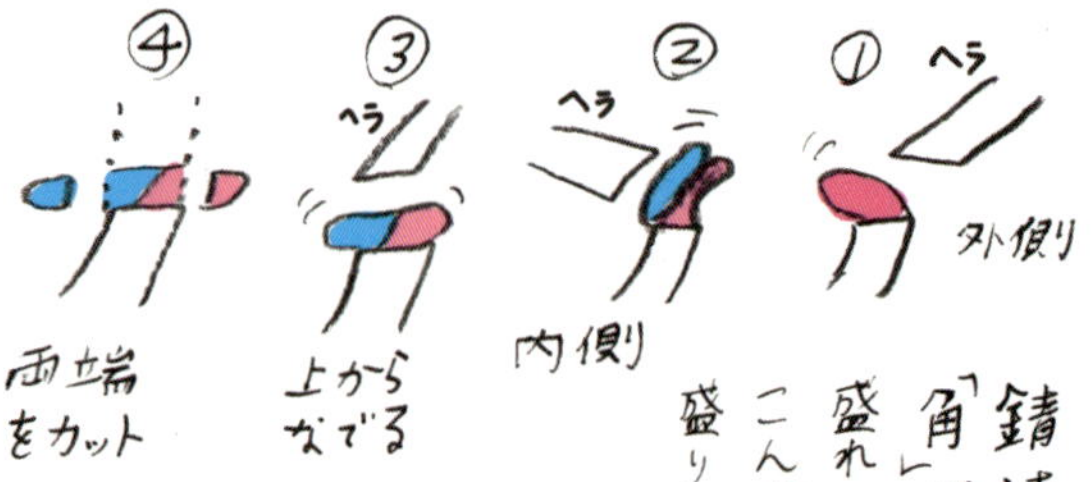

① ヘラ 外側
② ヘラ 内側
③ ヘラ 上からなでる
④ 両端をカット

あくまでもイメージで！おおらかに。
難しいよ。

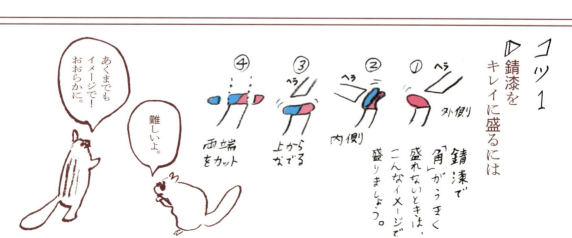

7

中塗り
2回目!

中塗り研ぎをします。サンドペーパー400番を棒状に折って6割ほどマットになるイメージで水研ぎします。漆以外の部分に傷をつけないよう、なるべくピンポイントで研ぎます。その後、中塗り2回目。1回目同様、薄く均一に塗ったら、再び漆風呂で一晩以上寝かせます。

⇦ 一晩ねかす

8

中塗り研ぎ2回目。サンドペーパー800番で水研ぎをしたら、仕上げの工程にうつります。

いよいよ仕上げ!
☞ 49ページへ

仕上がり

ページの手順で仕上げると、さりげない修復が美しい、ほつれの金継ぎが完成!

1

こちらも下処理から。この器は漆が染み込みやすいため、まずはマスキングテープで養生をしてから生漆を塗り、拭き取ります。

ヨゴレ

2

その後、欠けた部分に錆漆を大まかに盛り、形を整えます（コツ2）。

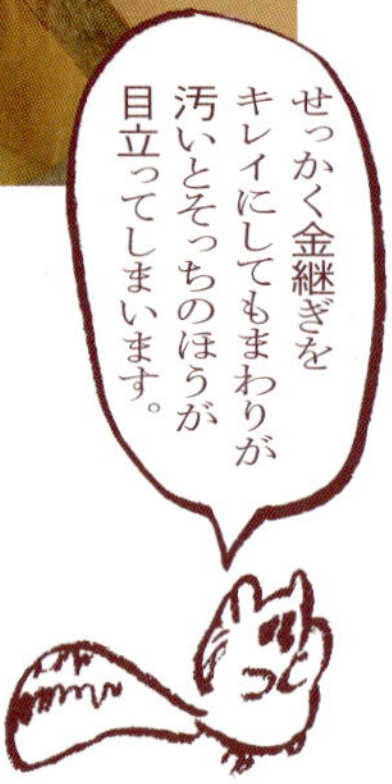
せっかく金継ぎをキレイにしてもまわりが汚いとそっちのほうが目立ってしまいます。

3

あとは46ページの④〜⑦同様に中塗りと水研ぎをくり返して、仕上げの工程へ進みましょう（50ページ）。

仕上がり

コツ2 キレイな「縁」の丸め方

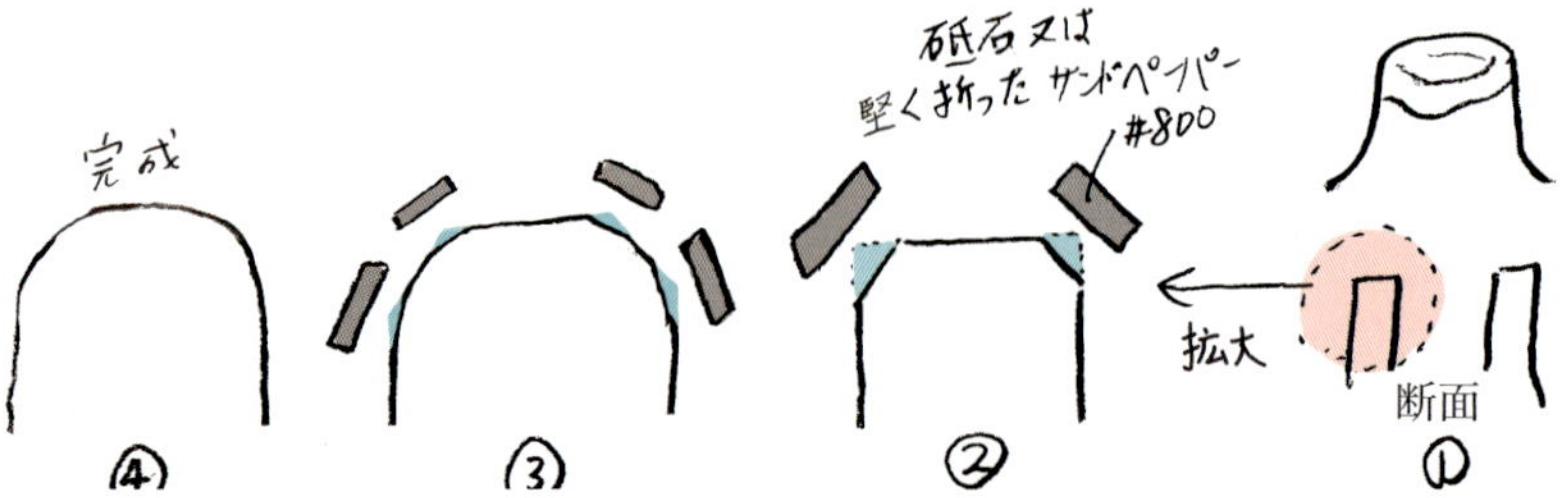
断面
①
拡大
砥石又は堅く折ったサンドペーパー
#800
②
③
完成
④

第3章

金継ぎの仕上げ

漆で繕った部分に、金属粉を蒔いて仕上げていきましょう。仕上げに用いるのは「金粉」以外に、「銀粉」「錫粉」「真鍮粉」などもあります。それぞれの特徴や輝きがあるので、器に合わせた使い分けを楽しんでみてください。

金粉を蒔く

金粉でおめかししましょう。

道具

a あしらい毛棒
b 細めの筆
c 磨き棒（メノウ棒）
d 金粉
e サンドペーパー（800番）
f 粉鎮（陶片、コインなど）
g 竹ヘラ
h めん棒
i テレピン油（または片脳油）
j プラスチックヘラ2本
k 真綿
l 弁柄漆《べんがら》（精製した漆に、弁柄という顔料を練り合わせた赤褐色の漆）
m みがき粉（砥石粉）
n 生漆

市販の弁柄漆は固い場合、テレピン油を一滴加えて柔らかくすると塗りやすいです。

手順

割れ

1

まずは「地塗り*」。弁柄漆をガラス板に用意し、ラップの10分の1の薄さをイメージして、細く薄く塗っていきましょう。15～30分ほど漆風呂で乾かします。

*金属粉を蒔くために、繕い部分に漆を塗ること

15～30分ねかす

2

金粉を用意します。黒い紙の上で作業すると、下に落ちた金粉が見えやすくなります。包み紙のおもり（粉鎮）は、小石や陶片、コインがおすすめです。

本書では都之光（延粉）という種類の金粉を使っています。

3

真綿には多めに金粉をつけましょう。

粉蒔きでは、ひとつまみの真綿に少し多めに金粉をつけます。くるくると円を描いてうぶ毛をなぞるような感覚で、漆の塗面に金粉を付着させます。全体的に黄色っぽくなれば完了。加湿した漆風呂で一晩以上乾かします。

一晩ねかす

④

テレピン油

金属粉をより定着させるための「粉《ふん》固《がた》め」の工程（コツ1）。生漆とテレピン油を1対1で希釈し、それをめん棒で金粉の面に塗ります。余分な漆をティッシュでやさしく押さえて拭き取ります。ティッシュに漆がつかなくなるまで完全に拭き取り、漆風呂で一晩以上乾かします。

⇦ 一晩ねかす

⑤

最後の工程「磨き」です。くるくると円を描くようにメノウ棒で磨きます。ある程度光れば、完成です。

指1本分の重さの圧で。力を入れ過ぎないようにしましょう。

完成！

なぜ？なに？

地塗りから15～30分おく理由

少し乾かすことで、金粉のノリをよくするため。すぐに蒔いてもいいが、ほどよく硬化させてから蒔くことで、金粉の使用量の節約にもなる。

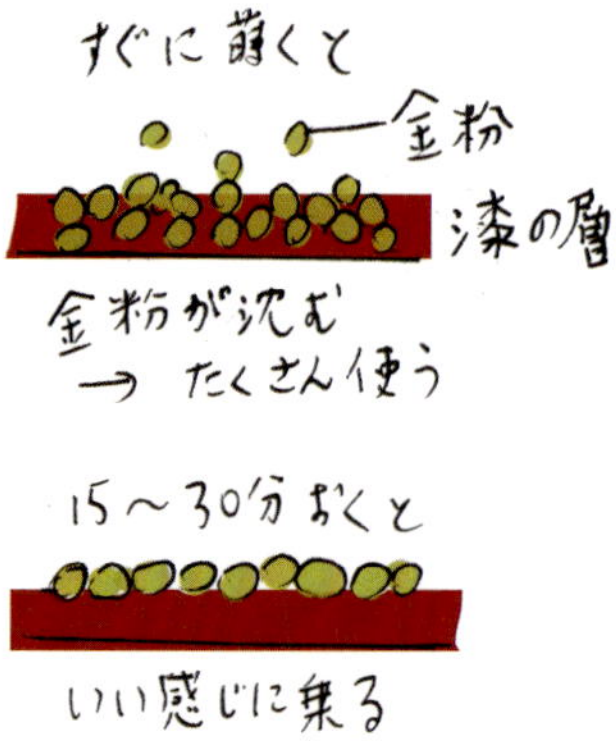

すぐに蒔くと
金粉
漆の層
金粉が沈む
→ たくさん使う
15～30分おくと
いい感じに乗る

コツ1

▷粉固めはしないことも

即座の発色のよさを求めるなら、粉固めをせずに磨く場合もある。耐久性に格段の差はないため、省略することもある。

手順　欠け

輪郭に沿って塗ったあと、内側を塗りましょう。

①

15～30分ねかす

「割れ」同様に弁柄漆で地塗りを行います。広い面積を塗る場合は、少し太い筆を使ってもいいでしょう。漆風呂で15～30分ほど置きます。

②

金粉と黒い紙を用意しましょう。

③

真綿を使って金を蒔きます。余分な金粉は真綿で回収できるので、恐れずに多めにつけましょう。

一晩ねかす

コツ2　キレイに金色がでないとき

粉蒔き後、しばらくしてから弁柄漆の赤い色が出てくることがある。これは金粉が弁柄漆の下に沈んでしまったか、蒔きが足りない証拠。もう一度蒔く必要がある。

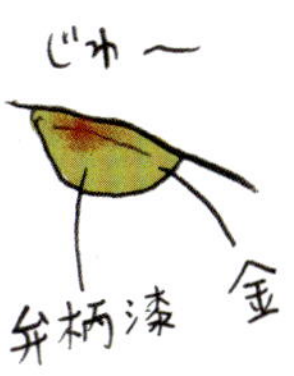
じわ〜
弁柄漆
金

コツ3　真綿だと届かない場合は

真綿で金粉が届かない部分は、あしらい毛棒で払うように蒔く。

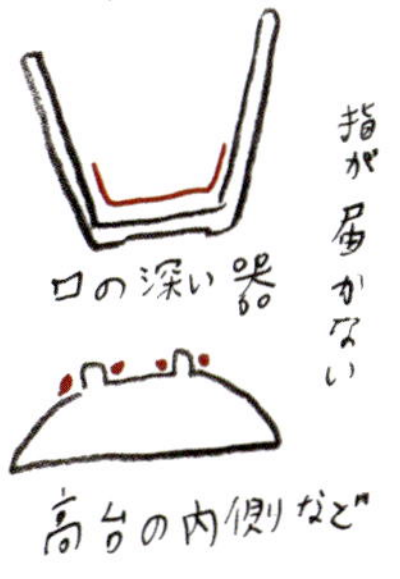
指が届かない
口の深い器
高台の内側など

4

1対1で希釈したテレピン油と生漆をめん棒で塗って、粉固めをします。

5

ティッシュの場所を変えながら、漆がつかなくなるまで完全に拭き取ったら、漆風呂で一晩以上乾かしましょう。

⇦ 一晩ねかす

6

なたね油などをつけた指にごく少量の磨き粉をとって、油分をからめとるように磨きます。油気がなくなり、だんだんと霧が晴れるように艶が出てきたら完成です。

金粉の粒子をつぶして光らせるイメージ。

完成！

コツ4

Q 磨き棒と磨き粉、どっちがいい？

磨き棒は割れやひびなどの細い線に適している。失敗しづらい反面、時間がかかる。磨き粉は、欠けやほつれなどの面を指の腹を使って一気に磨ける。時間短縮にはなるが、磨きすぎて金粉が取れすぎないように注意。

コラム3

金粉の種類

金粉には、粒子によっていくつかの種類があります。金継ぎに用いる金粉にはこれという正解はありません。それぞれ特徴があるので、器に合わせてお好みで使い分けましょう。

主に使われている金粉

・消粉…金箔を粉末にしたもの。「金泥」ともいう（強度的に不安、という声も）。
・延粉…消粉に近い鑢（やすり）粉。鱗片状。「平粉」、「平極粉」ともいう。
※本書では延粉を使用（商品名「都之光」）
・丸粉…鑢粉。パチンコ玉のような丸い粒子で、1～13号まである。数字が大きいほど粒子が大きくなる。
（粒は大きくなるが1gで使える量は少なくなる）

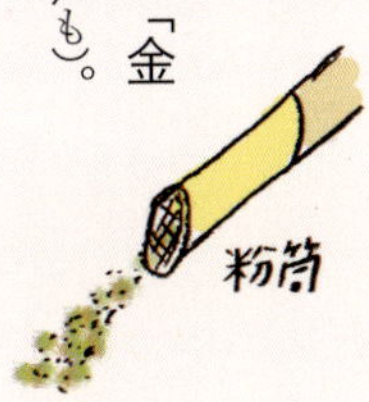

消粉、延粉は、同じ1gでも量が多く見えて研ぎの工程もないため、薄塗りに慣れていない初心者に最適です。丸粉の場合、2号粉を蒔く人、3号粉を蒔いて1号を蒔く人、5号を蒔いて3号を蒔く人などが多いです。

丸粉では「粉筒」という道具を使います。丸粉の粒子が大きくなっていくほど、肉厚でふくよかな金継ぎになりますが、経済面、習熟度の観点から本書では延粉を使いました。

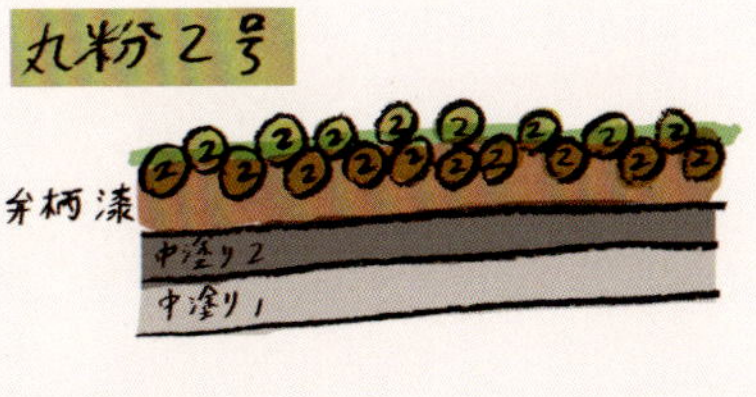

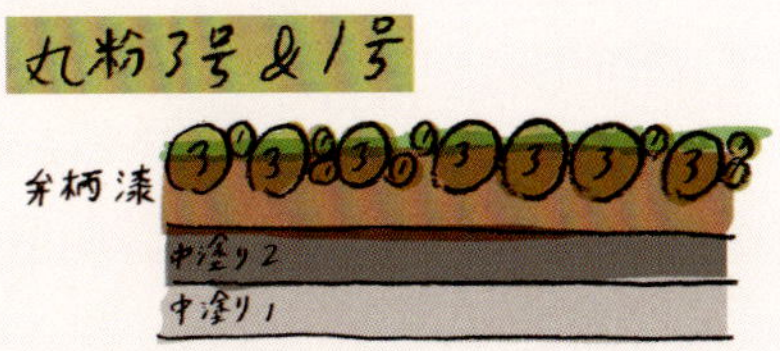

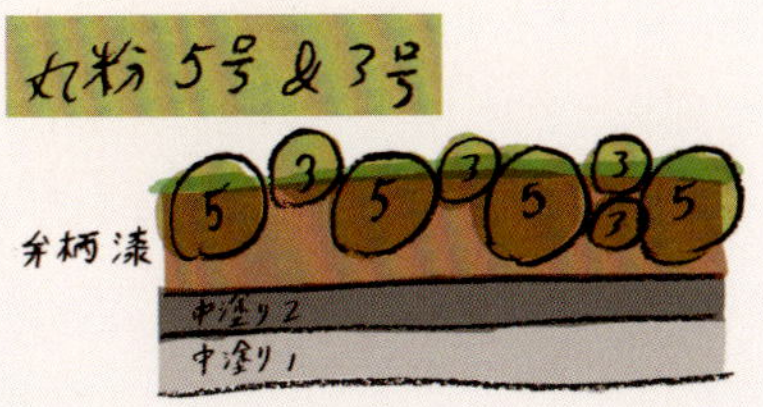

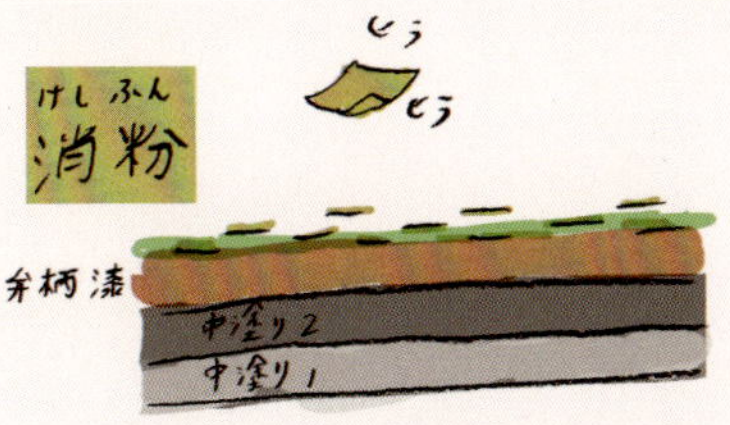

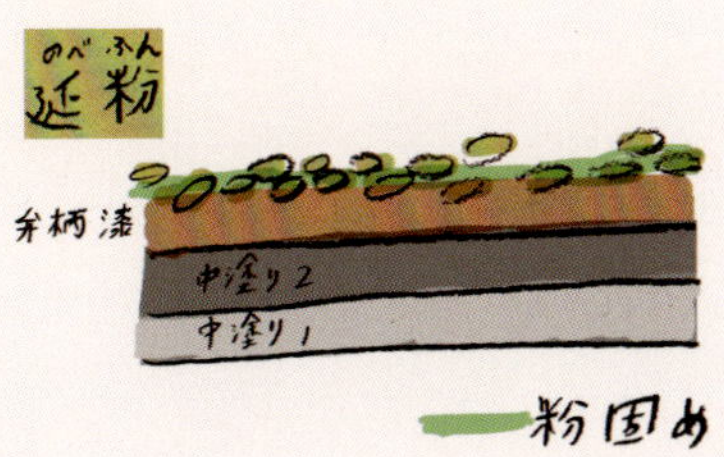

銀粉・錫《すず》粉・真鍮《しんちゅう》粉を蒔く

それぞれの輝きを楽しみましょう。

道具

a 銀粉
b 真鍮粉
c 錫粉
d サンドペーパー（800番）
e 毛棒
f 細めの筆
g メノウ棒
h 粉鎮（陶片、コインなど）
i テレピン油（または片脳油）
j プラスチックヘラ2本
k 弁柄漆
l 竹ヘラ
m めん棒
n みがき粉（砥石粉）
o 黒呂色漆

手順

銀粉

①

金粉仕上げ同様に「地塗り」から始まります。銀粉の場合は、黒呂色漆を使います。白色の白漆でもいいでしょう。薄めに塗って、漆風呂で15～30分ほど置きます。

⇦ 15～30分ねかす

②

銀粉と黒い紙を用意します。毛棒に銀粉をとり、毛棒に漆がつかないように気をつけながら、払いかけます（コツ1）。この後は金粉と同じ工程。粉固めをして、艶が出るまで磨けば完成です。

錫粉　手順

1

錫粉の「地塗り」でも、黒呂色漆か白漆をおすすめします。この器のように内、外両面に漆を塗る場合、塗りにくいほうから行えば、塗った後に触れて汚してしまうリスクを減らせます。薄めに塗って、漆風呂で15～30分ほど置きます。

⇦ 15～30分ねかす

2

錫粉と黒い紙を用意します。地塗り同様に、作業がやりにくいほうから粉蒔きをしましょう。

3

もう片方の面に粉蒔きをしたら、金粉銀粉と同じ工程で粉固めを行います。艶が出るまで磨けば完成です。

コツ1

周りから払いかける

地塗りをした部分の周りから、払い込むように、線の外側から内側に払いかける。

手順

真鍮粉

①

真鍮粉の場合、金粉同様に「地塗り」では弁柄漆を塗ります。薄めに塗って、漆風呂で15～30分ほど置きます。

⇦ 15～30分ねかす

②

真鍮粉と黒い紙を用意します。毛棒に錫粉をとり、毛先に漆がつかないように気をつけながら、払いかけます。粉固めを行い、艶が出るまで磨いて完成です。

完成！

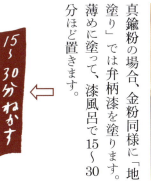

コラム4

金属粉について

銀粉、錫粉、真鍮粉、
それぞれの金属粉には、
金粉とはちがった特徴や輝きがあります。
器のデザインや雰囲気、
自分の好みや用途に合わせて
使い分けてみると、金継ぎの楽しさが、
またひとつ、広がります。

銀

経年すると黒ずんでくるのは、酸化ではなく「硫化」とのこと。「いぶし銀」のように味わいが出ます。

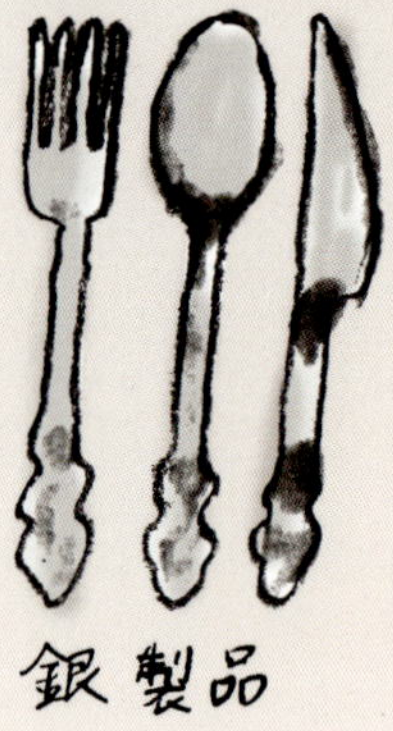

金属粉を蒔くタイミング

漆を塗ってすぐに金属粉を蒔いても良いのですが、約15～30分くらい漆風呂に入れて表面を少し乾かしてから蒔くと、ノリが良くなります。
また、金属粉が漆の層に沈まないため、金粉の節約にもなります（52ページ）。

「青息」がきたら

通常、塗りたての漆の塗面に息をハァ～ッと吹きかけても無反応です。15～30分ほど乾かすと、塗面が虹色に反応するようになります。それが「青息」です。反応するのは息を吐いたほんの一瞬。青息がくれば、蒔いてOKのサインです。

逆に、青息を通りこして窓ガラスが曇るように白く曇ると、乾きすぎです。乾いてしまうと、金粉はいくら蒔いても、付着しません。その場合は再度サンドペーパー800番で水研ぎをしてから塗り直しましょう。

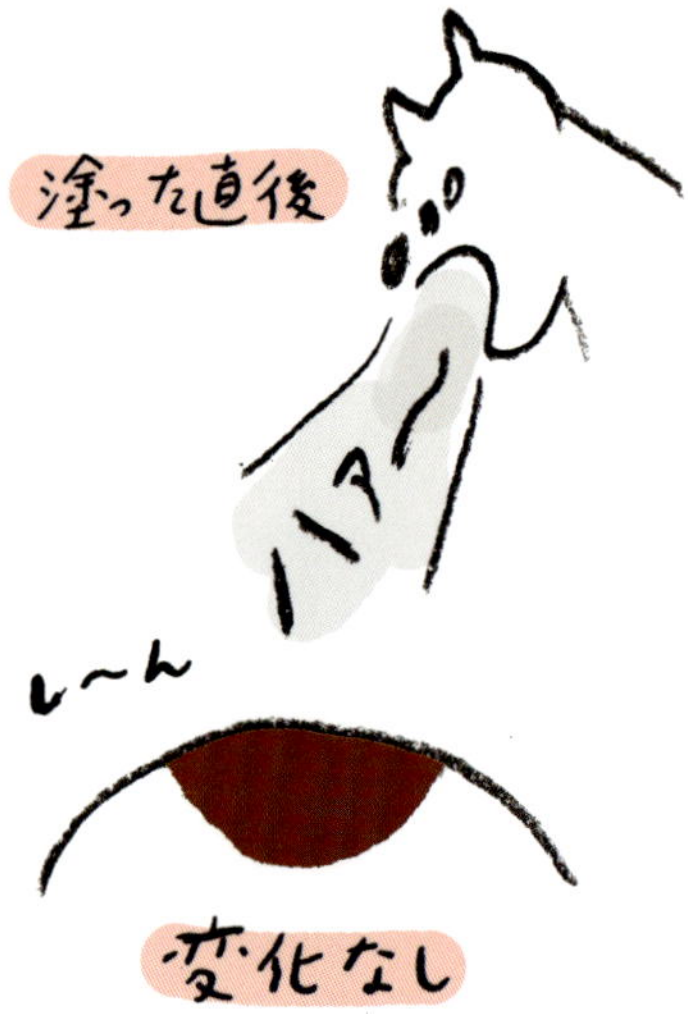

錫

銀粉の代用として使用されました。銀に比べて安価ですが、酸化による腐食が著しいとされています。高蒔絵の金の下の高上げにも使われています。

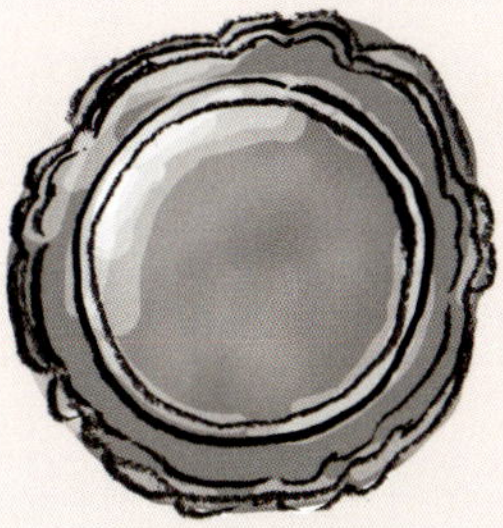

ピューター（錫合金）の皿

真鍮

銅と亜鉛の合金。五円玉の素材として有名ですね。経年によって多少退色します。

著者は亜鉛の割合が多い真鍮粉を使うことで、十円玉のようになることを避けています。

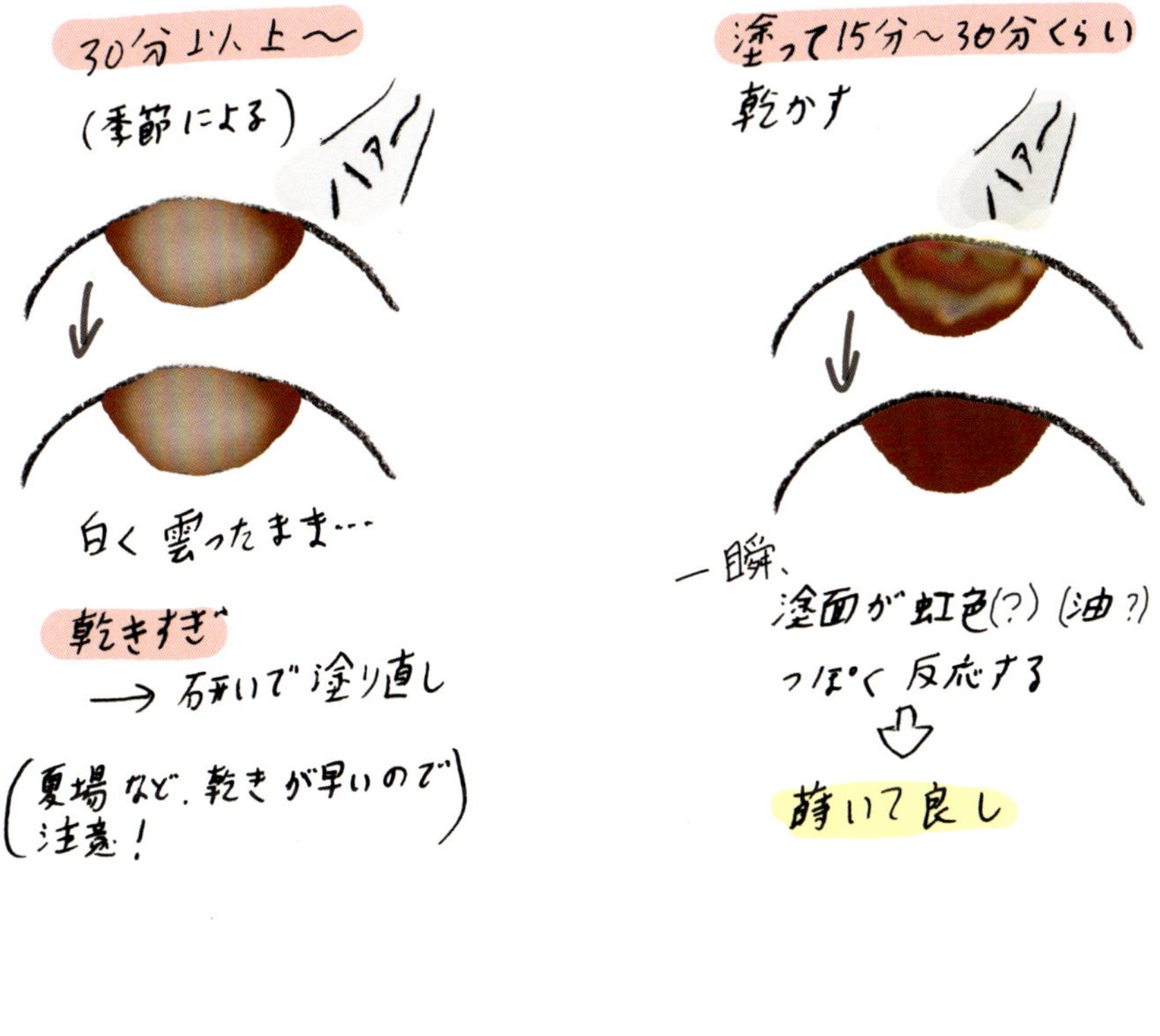

30分以上〜
(季節による)
ハァー
白く雲ったまま…
乾きすぎ
→研いで塗り直し
(夏場など、乾きが早いので注意！)
塗って15分〜30分くらい乾かす
ハァー
一瞬、塗面が虹色(?)(油?)っぽく反応する
蒔いて良し

蒔きムラがあるとき

金属粉を蒔き終わったあとや、磨きまで完了したあとに、下の中塗りの黒い層がはみ出て残ってしまっていたり、粉が不十分できれいに蒔きついていないときがあります。蒔く箇所が多い場所ほど、こういった「蒔きムラ」が起こりやすくなります。これは、後日に部分的にやり直しができます。

①蒔き足りない場所に、弁柄漆を薄く塗る。

②15分乾かしたあと、同じ種類の金属粉を蒔く。

③漆風呂に入れて乾かす。

これ以降は磨きの工程まで同じです。部分的にやり直すことは意外と多いです。

逆に、何度もタッチアップできるのが、金継ぎの良いところとも言えます。

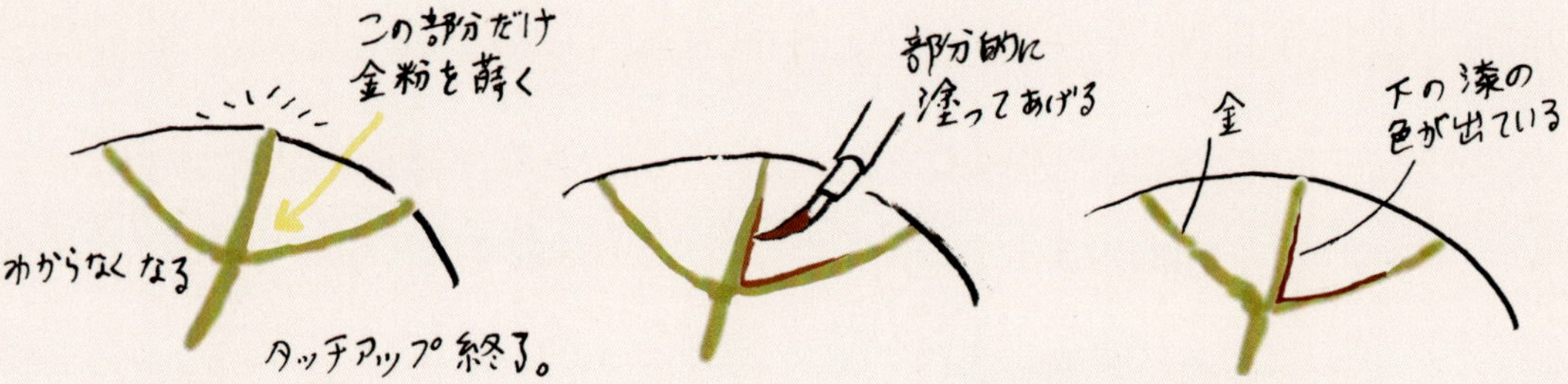

鯛牙と犬牙

鯛牙を入手できたり自作できる人は粉磨きに鯛牙を使います。犬の歯を用いた「犬牙」という道具を使う人もいるようです。メノウなどの石で磨くよりも、器への負担が少なくなります。

それらがない人は、瑪瑙（メノウ）で代用してください。金工材料を扱うお店で購入できます。

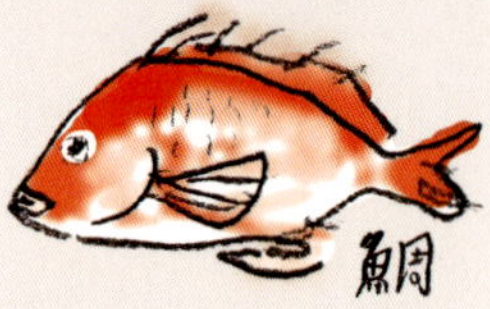

第4章 金継ぎの応用

ここまでに紹介した以外にも、
金継ぎには
さまざまな方法があります。
なかには、
新しく道具が必要になったり、
慣れるまで少し時間がかかったり
することもあります。ちょっとだけ
背伸びして挑戦してみると、
金継ぎの楽しみがぐっと広がります。

かすがい継ぎ

漆だけでなく、
かすがいを打って
補強します。

e
d
c
強力粉
a
水
b
生漆
g
f
h
i
『初恋のきた道』という
映画にかすがい継ぎの
シーンがあるわね！

道具

a 生漆
b プラスチックヘラ2本
c 強力粉
d 水
e リューター（穴をあけるため、回転数の多いものが望ましい）
f 小さめの金づち
g 銀の丸棒（0・8〜1㎜）
h プライヤー
i ニッパー

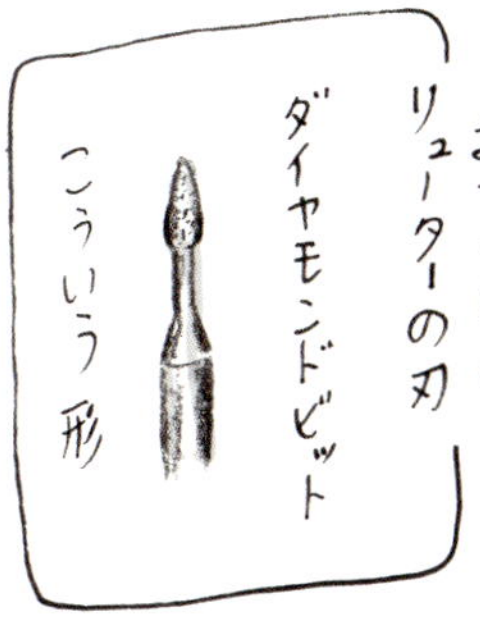
おすすめのリューターの刃
ダイヤモンドビット
こういう形

手順

①
まずは「かすがい」作り。プライヤーとニッパーを使って銀の丸棒（0・8㎜）を「ホッチキスの針」のような形にします。

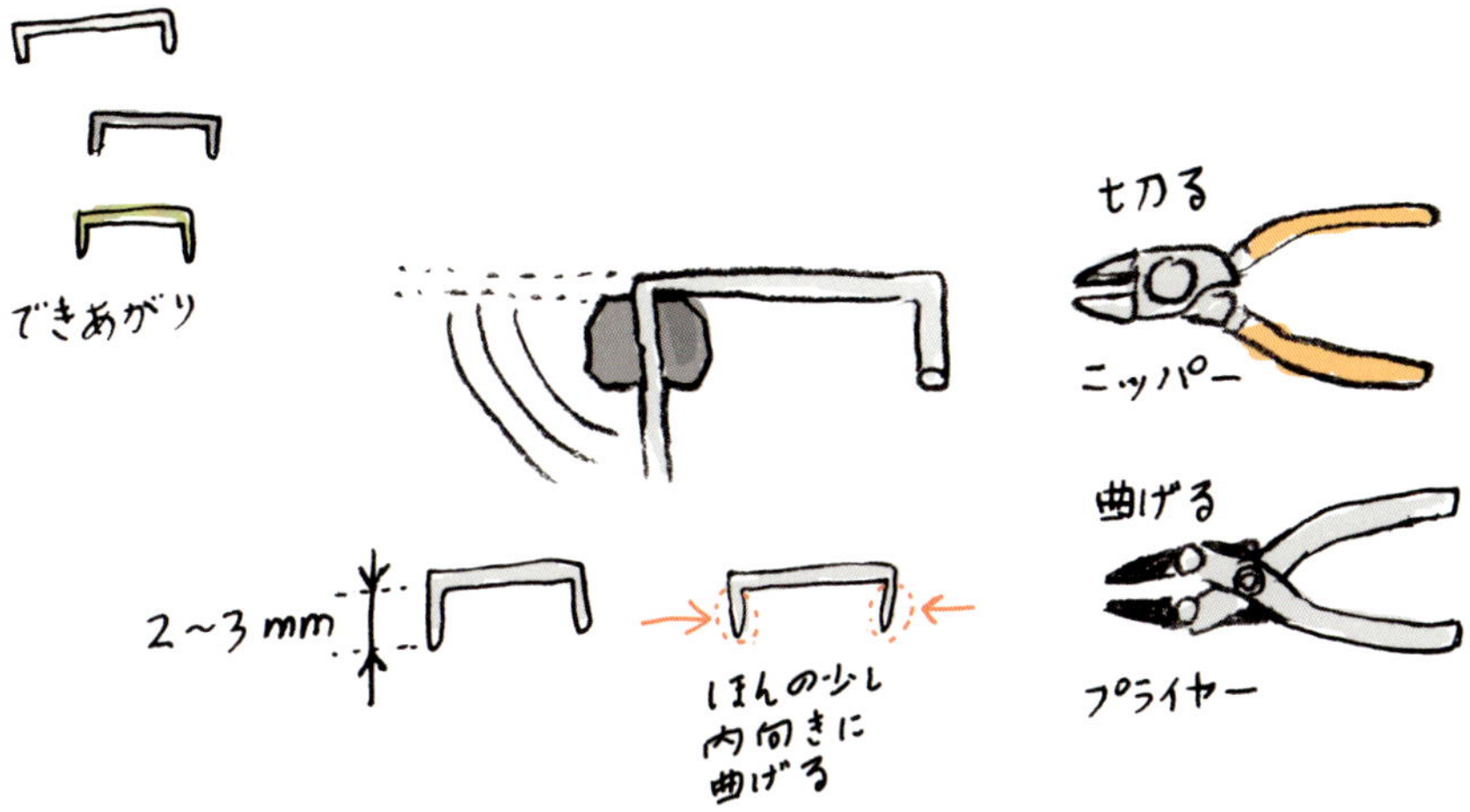
切る
ニッパー
曲げる
プライヤー
2〜3mm
ほんの少し内向きに曲げる
できあがり

②

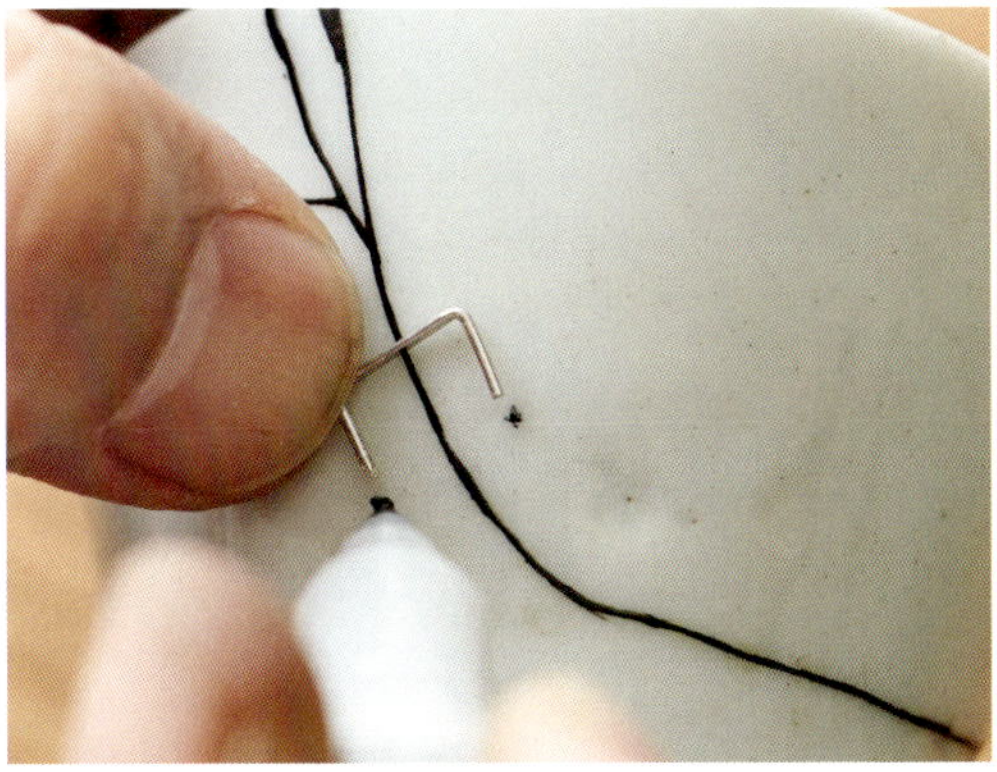

割れた器を28〜33ページのように繕い、かすがいを打つための穴をあけていきます。かすがいを打ちたい部分（お好みでOK）に①の銀の丸棒をあてて、油性ペンで穴あけの位置に印をつけるとわかりやすいです。

あくまでこの器の場合は補強の役割ですね。

③

リューターで穴をあけます。貫通しないように気をつけながら、2〜3㎜ほどの深さまで掘ります。深さを確かめながら行いましょう（コツ1）。その際バケツなど水に漬けながら穴を開けると刃の持ちが全然良いです。

④

あけた穴に麦漆（22ページ）を詰めます。

⑤

器の内側にあて木やあて台があると、かすがいが打ち込みやすくなります（コツ2）。

なぜ？なに？

かすがいって？

「鎹《かすがい》」とは、石材や木材をつなぐために利用されていたコの字型の接着剤のこと。器の世界では、江戸時代から昭和初期まで行われていた技術。重文『馬蝗絆』（東京国立博物館）が有名。

馬蝗絆

コツ1

穴の深さはこまめにチェック！

リューター以上に細い棒を差し込みながら、こまめに深さを確かめよう。深すぎると貫通するおそれがあるし、浅すぎてもかすがいが全く刺さらないため固着されない。

6

しっかりと打ち込まれて固定されていることを確かめたら、漆風呂で一週間ほど硬化させます。

一週間ねかす

7

お好みで金属粉で仕上げてもいいでしょう。

乾いたら、余分な麦漆をサンドペーパーや刃物で取り除き、整えます。仕上げに好みの色味の漆を塗りましょう。今回は白い器に針金の銀色が映えるように、黒呂色漆を使いました。再び漆風呂で一晩以上乾かします。

一晩ねかす

たくさん打つとヘビメタ感が強くなるので注意。

コツ2

かすがいが固定されるには

かすがいがつぶれることで割れた器が締まり固定・補強されるイメージ。強くたたきすぎて器を割らないよう注意しよう。

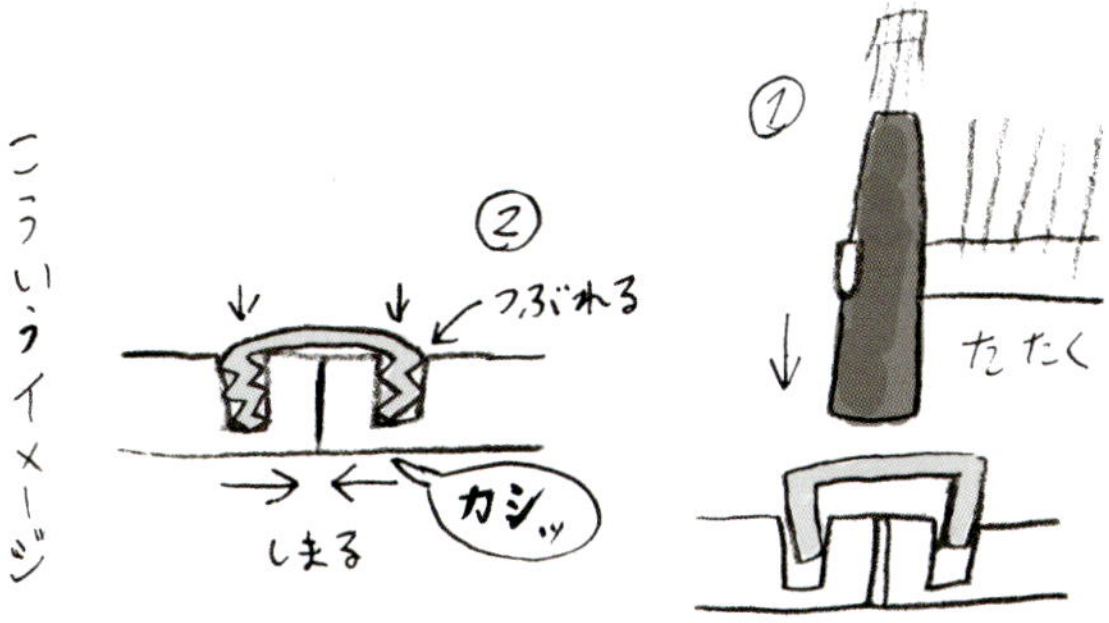

呼び継ぎ

ちがう器の破片を使って繕います。

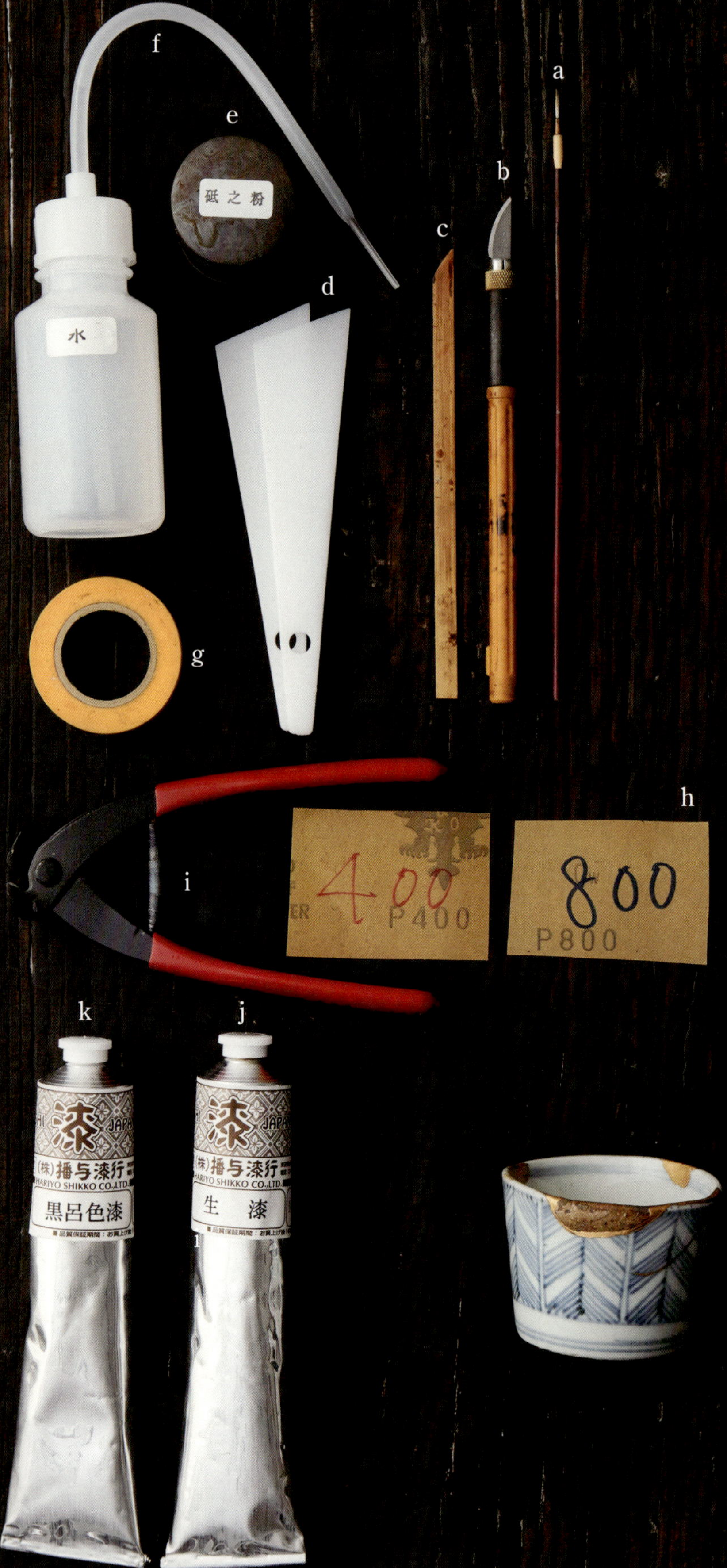

道具

a 細めの筆
b ペンカッター（31ページ）
c 竹ヘラ
d プラスチックヘラ2本
e 砥之粉
f 水
g マスキングテープ
h サンドペーパー（400番、800番）
i ワニ口プライヤー
j 生漆
k 黒呂色漆

手順

別々の器が
ひとつになった
マリアージュを
おおらかに
楽しみましょう。

①

まずは、呼び継ぎ用の破片を用意します。径・厚み・反りなどが合っている破片を見つけて、割れに沿って印をつけます。

②

破片が割れ口に合うよう、形成していきます。電動カッターやグライダーのような工具もありますが、ステンドグラス用の「ワニ口プライヤー」という道具が便利です。印に合わせて、余分な部分を噛み砕くようにカットしましょう。

③

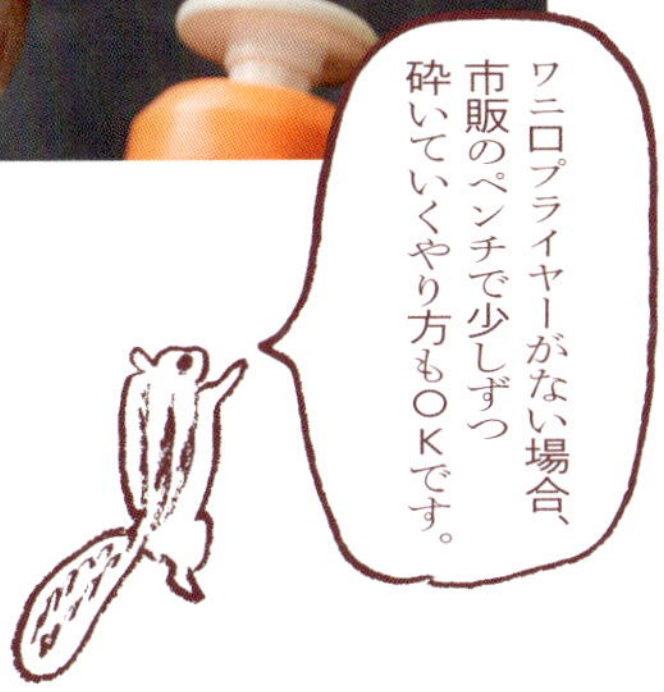
ワニ口プライヤーがない場合、
市販のペンチで少しずつ
砕いていくやり方もOKです。

リューターやサンドペーパーなどで、微調整を行います。時々割れ口に当てて、形を確かめましょう。

4

麦漆（22ページ）を塗って、破片をくっつけます。この時点で隙間やズレがあっても、あとで穴埋めするので大丈夫です。

5

マスキングテープで固定したら、漆風呂で一週間以上硬化させましょう。

一週間ねかす

6

漆が乾いたら、はみ出ている余分な麦漆をペンカッターや水研ぎで取り除き、整えます。

なぜ？なに？

呼び継ぎって？

異なる器を組み合わせ継ぐ呼び継ぎ。ぴったり合う破片はなかなかないので、根気よく探すか、そんな陶片と出会うことを、アンテナをはりながら気長に待つのもいい。

共継ぎって？

呼び継ぎと同様に別の器の破片を使う「共継ぎ」という技法もある。呼び継ぎとちがい、器の質感や色味になるべく似せて仕上げる方法。本来は、同じ釜跡から出土した陶片を継ぐことをいう。

7

破片では埋まりきらなかった小さな隙間を錆漆（24ページ）や刻苧漆（35ページ）で埋めましょう。しっかり埋まったら、再び漆風呂で一週間ほど硬化させます。

一週間ねかす

8

漆が乾いたら、サンドペーパー800番で水研ぎして整えます。黒呂色漆で中塗りをして、一晩おきましょう。このまま漆仕上げにするもよし、金属粉で仕上げる（50ページ）もよし。

一晩ねかす

中塗り！

完璧に合う器はないので、多少ずれていても失敗だと思わず、おおらかに呼び継ぎを楽しみましょう。

金粉で仕上げました。

ガラス継ぎ

ガラスの金継ぎはちょっと特別。金箔を使います。

道具

a 竹ヘラ
b めん棒
c いっかけ漆（箔貼り用の漆）
d 生漆
e プラスチックヘラ
f 水
g 金箔
h 強力粉
i マスキングテープ
j 真綿
k 定規
l カッター（カッターマットもあるとよい）
m 箔ばさみ

手順

1

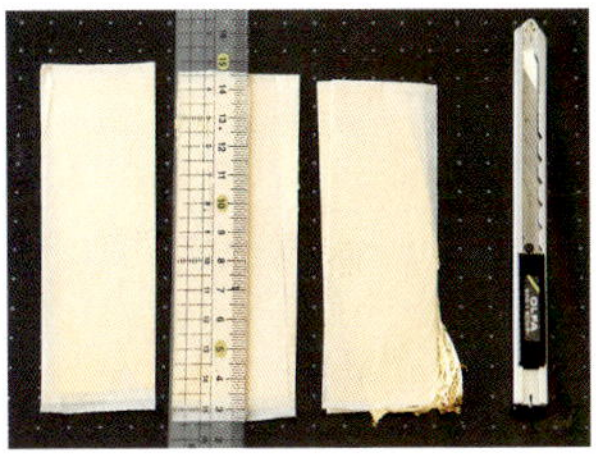

まずは金箔を割れの大きさに合わせて細長くカットします。定規を当てて切りましょう。

2

ガラス板にいっかけ漆を出して、割れの断面にめん棒で薄く塗っていきます。

ガラスの場合は、
金箔を
断面に貼ります。

3

切った金箔を、箔ばさみでそっと断面に乗せていきます。真綿を使っておさえるようにして接着させたら、漆風呂で一週間ほどねかせます。

一週間ねかす ⇦

4

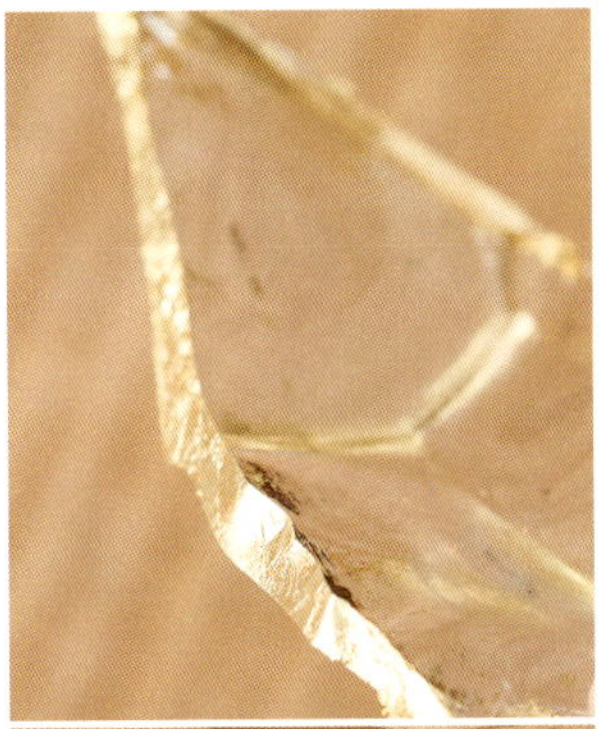

一週間後、金箔が乾いたら、完成の形に並べてマスキングテープを用意しましょう。

5

小さな破片から合わせていきます。接着には麦漆（22ページ）を使います。

6

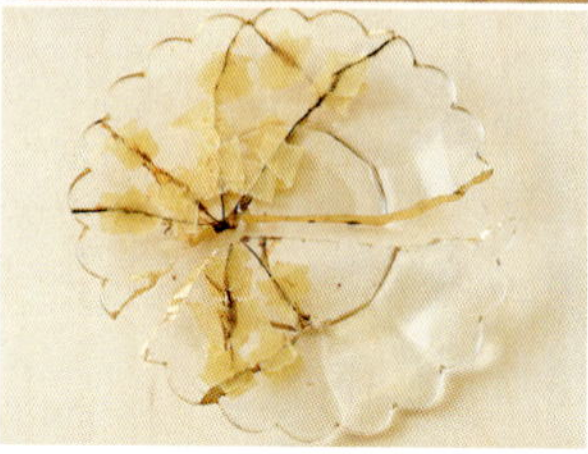

複雑に割れてしまったときは、このようにある程度小さなまとまりで接着していったあとに、中くらいのまとまりどうしを接着します。その都度マスキングテープで固定します。

7

最後は大きな塊どうしを接着させます。

なぜ？なに？

ガラスだと、なんでやり方がちがうの？

ガラスは透明だというところがポイント。もしもガラスに普通の金継ぎを施したら、内側の下地の黒が見えてしまって、美しくない。裏から漆が見えないように、金箔でサンドイッチのように挟み込む。

8

全体をマスキングテープでぐるりと固定して、一週間ほど漆風呂で硬化させます。

一週間ねかす

9

漆が乾いたら、様子を見て足りない部分を錆漆で埋めましょう。中塗りを数回繰り返したら、余分な漆をペンカッターなどで削り、お好みの金属粉や漆で仕上げて完成です。こちらも金粉仕上げにしてみました。断面に見える金箔が不思議な景色です。

完成！

コツ 難しすぎると感じた人は……

ガラスの接着は上級者向けのため、難しく感じたかたは、接着剤にたよるのもアリ。その場合はホームセンターなどで買える2液性のエポキシ接着剤を使う。硬化時間が長いほうが耐久性があるといわれている。

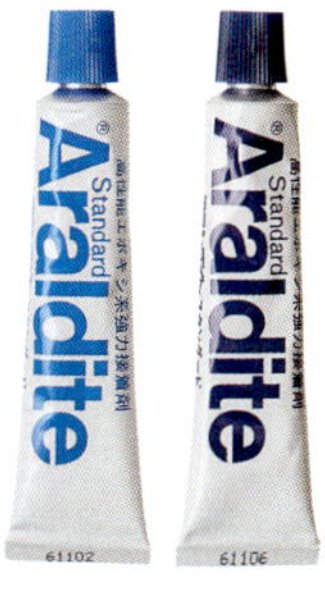

コツ ガラス用漆で手軽に

上記（①〜⑧）の方法も良いですが、近年販売されているガラス用漆のみを使って接着する方法の方が色も選べますし、手軽かと思います。

補強

金継ぎだけで
不安なときは、
和紙を巻いて
補強しています

道具

a　細めの筆
b　ペンカッター（31ページ）
c　竹ヘラ
d　生漆
e　めん棒
f　プラスチックヘラ2つ
g　水
h　マスキングテープ
i　強力粉
j　添え木（アイスの棒、マドラー、鉛筆などでOK）
k　サンドペーパー（400番、800番）
l　和紙（美栖紙）
m　リューター

手順

れんげ

① まず前処理（20ページ）。リューターで削り、生漆を塗って乾かしたのち麦漆（22ページ）で割れを接着します。れんげの場合、割りばしやマドラーなどを添えてマスキングテープでとめて補強します。漆風呂で一週間ほど硬化させます。

少しくらいズレてもそれもまた味わい。

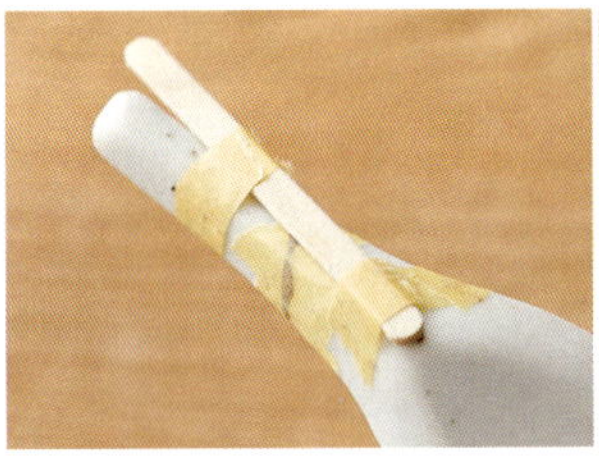

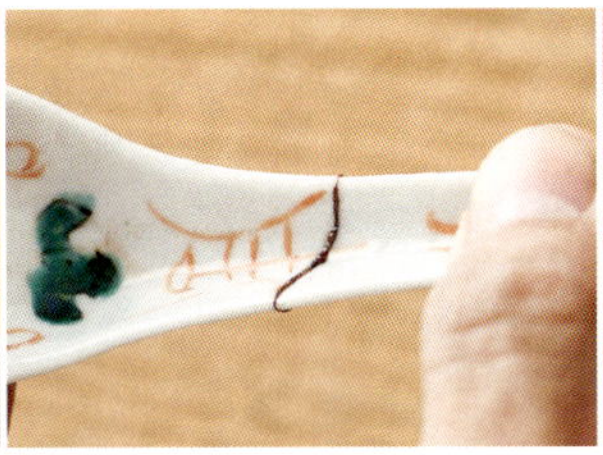

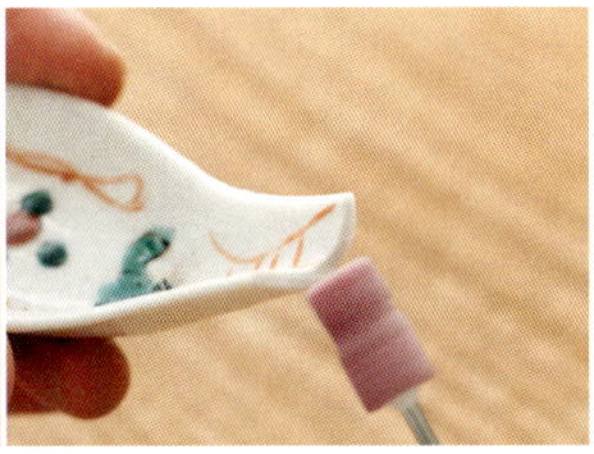

⇦ 一週間ねかす

②

乾いたら、余分な漆をペンカッターやサンドペーパーで削って整えます。

③

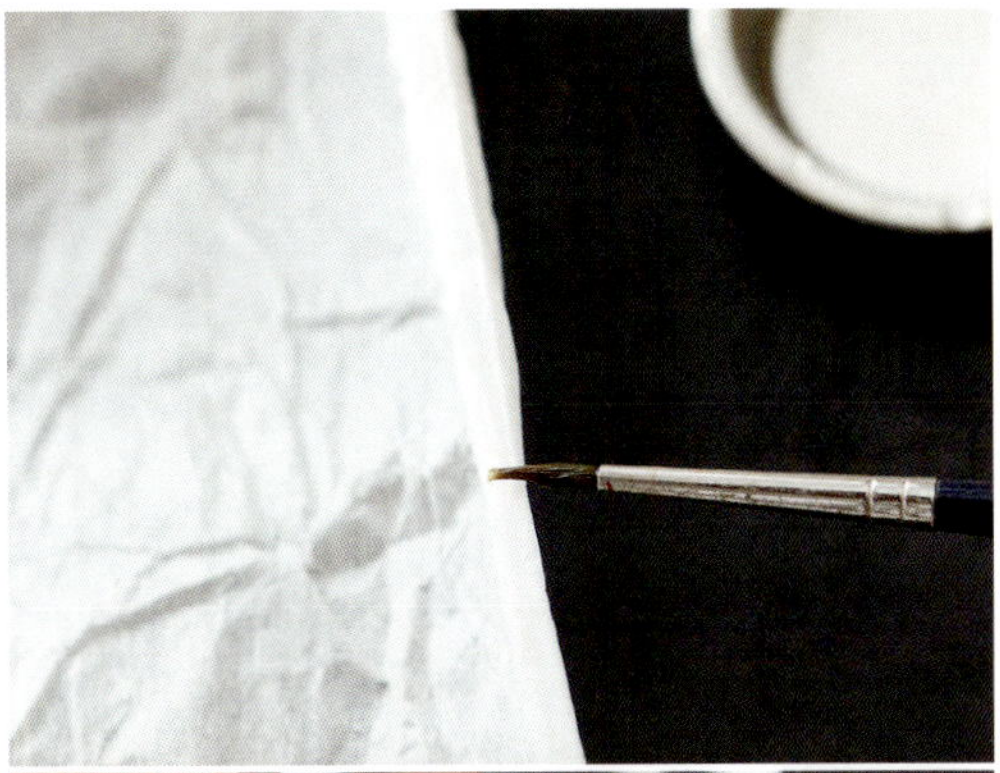

補強のための和紙を用意します。細く折った折り目に筆で水をつけて湿らせて、紐《ひも》状にちぎっていきます。

和紙は「くいさき」*にして引き裂いて切ると、継ぎ目がなだらかで優しくなります。
*くいさき…水で濡らしてふやかしてから引き裂く切断方法

和紙のはじっこは塗らずに残そう！巻きつけるときに手で持つ部分になるよ。

4

ガラス板に薄く敷いた麦漆の上に和紙を置き、ヘラで麦漆をなじませましょう。

5

竹ヘラで和紙をはじからそっと持ち上げて、れんげの割れ目に接着します。

6

麦漆を塗り残した部分を持って、包帯のようにぐるぐると巻きつけていきます。

コツ

「のり漆」と「麦漆」

麦漆は「粘り」が強く、和紙を貼る作業には向いていない。一方で、上新粉のり（上新粉と水を1対4で混ぜて鍋で炊いたもの）と、同量の生漆を混ぜた「のり漆」は、麦漆よりも粘りが弱いが、和紙には適しており、1日で乾く。好みで使い分けるのが良い。

	麦漆	のり漆
乾き	1週間〜10日	1日で乾く
ねばり	あり（陶器の接着向き）	あまりない（布、和紙の接着）
耐久性 接着力	◎	○

というような理由から本書では接着に麦漆を用いています。

7

巻きつけきったら、塗り残していた部分にも漆がなじむように指や竹ヘラで整えます。漆風呂で一週間ほどねかせましょう。

一週間ねかす

8

乾いたら、余分な漆や和紙のはじをペンカッターで削って整えます。サンドペーパーで水研ぎをして、中塗りを何度か繰り返しましょう。和紙の質感は残してもいいですし、錆漆で埋める方法もあります。

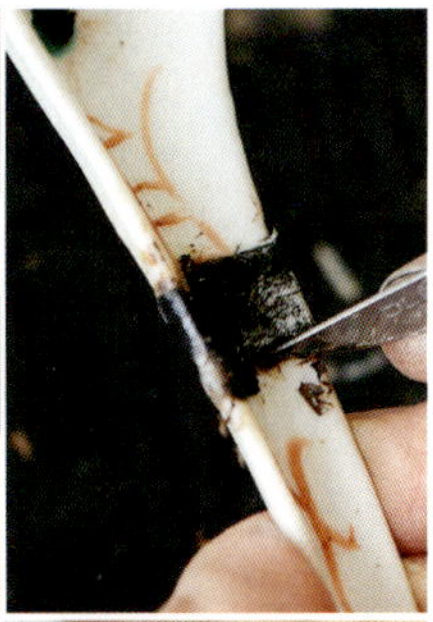

9

金粉などで仕上げたら（50ページ）、完成です。継いだ部分は太くなりましたが、安心して使えるようになります。

手順 カップ

①

こちらもれんげ同様に、前処理をしたあとに麦漆で接着し、マスキングテープで固定します。写真のように、カップ本体と合わせてマスキングテープを巻きましょう。漆風呂で一週間ほど硬化させます。

⇦ 一週間ねかす

取手の接着は金継ぎの依頼でも多いです。

②

乾いたら余分な漆をペンカッターで削ります。

③

ガラス板に薄く麦漆を敷いて、3か所に巻きつけるための和紙をなじませます。はじからそっと持ち上げて……

4

割れた部分が中心にくるよう、包帯のようにぐるぐると巻きつけましょう。再び漆風呂で一週間ほど硬化させます。

一週間ねかす

5

ペンカッターで余分な漆を削ったら、サンドペーパーで水研ぎします。黒呂色漆で何度か中塗りをして塗面を整えます。

6

お好みの金属粉で仕上げて（50ページ）、完成です。今回は銀粉で。

焼き継ぎ

白玉粉（鉛ガラスの粉）で接着します。

道具

a　針金
b　強力粉
c　プラスチックヘラ2つ
d　フラックス
（白玉粉と呼ばれる珪酸鉛の一種。無鉛をお求めのかたは「無鉛フリット」をご使用ください）
e　マスキングテープ

漆を使った金継ぎよりも安価にできるから、明治期くらいまでは焼き継ぎが庶民向けだったようです。

手順

1

フラックスと水練り小麦粉を1対1でよく混ぜます。これを竹ヘラで割れ目に塗って接着していきましょう。

2

マスキングテープで固定して1～2日乾燥させます。乾いたらテープをはがし、今度は針金でぐるぐる巻いて固定しましょう。

3

600℃に設定した電気炉に2時間入れて焼きます。

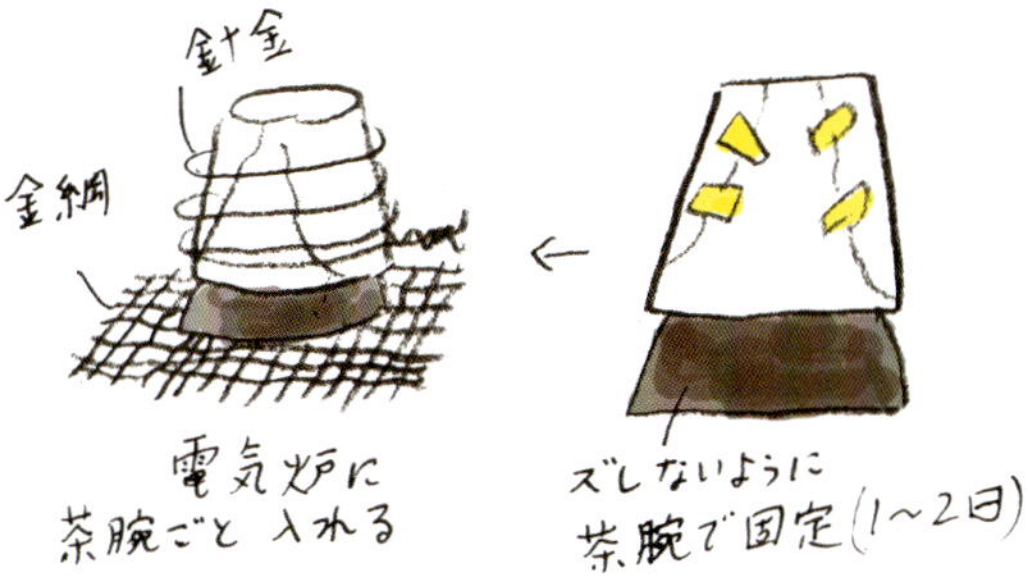
ズレないように
茶碗で固定（1～2日）
針金
金網
電気炉に
茶碗ごと入れる

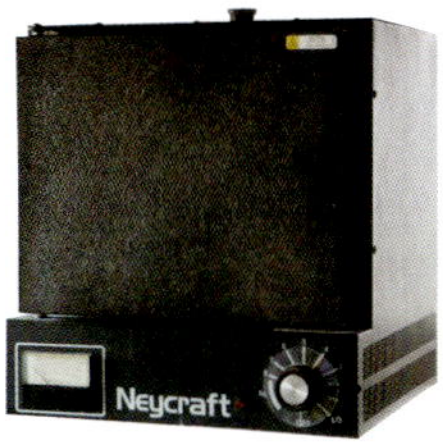
Neycraft

4

完成！

炉の温度を見て、充分冷ましてから取り出します。フラックスが溶けて釉薬で接着したような仕上がりになって、完成です。

コラム5

金継ぎした器の取り扱い

金継ぎした器は通常の食器と同じように取り扱っていただいて構いませんが、一度はケガをした子です。大切に扱えば、それだけ長持ちします。

金継ぎを傷めないコツ

- 漬け置き洗いは避ける。
- クレンザーなどの粗い研磨剤の入った洗剤の使用は避け、家庭用の中性洗剤で優しく洗う。
- 電子レンジ、食洗機は避ける。漆は木の汁なので、中の漆分が焼けて劣化し、剥離の原因となってしまう。
- 鍋など直火にかけるものは避ける。
- 湿度の低い極度に乾燥した空間は避ける。冷蔵庫の中も、基本的には乾燥しているので避ける。
- 漂白剤の使用は、意外と大丈夫。著者の実感では、金継ぎがきれいになった。

繕った器を長く楽しむために

漆は、酸、アルカリ、塩分、アルコールになどに対しての耐酸性や防水・防腐性のある優れた天然の高分子塗料です。

ちょっとしたポイントに気をつければ、手間をかけて金継ぎした器を、長く楽しむことができます。

器への愛情と比例します。

Q&A

素朴な疑問から踏み込んだ内容まで、金継ぎ部でよくある質問を集めてみました。

Q1 金継ぎは初期投資でいくらくらいかかりますか？

A 金粉を使わない繕いだと、4000〜5000円ほどで始められます。金粉は1g9000円ほど（2018年時点）。真鍮粉を使うと、低予算で始められます。

Q2 綺麗な金継ぎとは？

A どちらかといえば、線の細い金継ぎが美しく見えます。かといって、漆には補強の意味もあるので、細ければ細いほどいい、とも一概にはいえません。経験を重ねると、「変じゃない？」「これって主張しすぎてない？」「（欠けの補修跡が）盛り上がりすぎでは？」などがわかってくるので、器と相談して決めてみてください。

Q3 道具や材料は、「金継ぎ専用」のものが売っているのですか？ おすすめはありますか？

A 漆は90〜91ページで紹介しているような専門店かホームセンターの「木工・塗料」のコーナーで見つかります。ちなみに「新うるし」というチューブの商品は、初心者でも使いやすいですが、漆ではなく合成塗料です。

筆は蒔絵筆（「赤軸石版用」がおすすめ）か、画材屋で買える0号の細い丸筆か面相筆でもOKです。300円以上する筆だと、耐久性があっておすすめです。

Q4 金継ぎ（漆）に適さない素材、適した素材はありますか？

A 土ものの陶器が適しています。土器や焼締めの釉薬のかかっていない陶器は、漆が染み込むので扱いが難しくなります。ガラスは、基本的に漆との相性がよくないので中級向けです。

Q5 漆の使用期限はありますか？

A 基本的には未開封の状態でも1年とされています。夏を超えてしまうと、乾きの力が落ちるからです。

ただ、新鮮な漆を混ぜてあげることで乾きの力は復活しますし、冷蔵保管などでも劣化は防げます（著者は「乾かない漆はない」と教わりました）。いずれにしても時間をかければ漆は乾くので、おおらかな気持ちで楽しみたいものです。

金継ぎは何度でもやり直せます。

Q6 接着剤（合成樹脂）と漆の違いはなんですか？

A 昨今では、接着剤と合成塗料による、簡易的な金継ぎをするかたも増えています。

① 合成樹脂（パテ）や接着剤で接着し、仕上げも金の塗料で行う方法

② 仕上げにだけ漆を使う方法

などがあります。

どちらも作業が早くでき、かぶれないため良い方法だと思います。

①においては、1日で完成しますが、食品衛生法をクリアしていないものもあるので食器には不向きです。②は、金継ぎとしては最も丈夫かもしれません。しかし使っているうちに表面の漆部分が剥がれたらどうでしょう？

接着剤は「頑丈すぎて、やり直しが難しい」「透明なため、扱いが難しい」などの短所もあります。また、合成塗料は簡単にいえばペンキみたいなものなので「ペンキに口をつけて平気か」「自分の哲学や精神衛生上それはどう思うか？」という、自分に問いかけるような話になってきます。

一方で、漆にも「かぶれる」「乾くのに時間がかかる」「ガラスとの相性よくない」などの短所があります。ガラスやオブジェには接着剤でも良いかもしれませんし、「自分の子供に安全か」「この大切な器に対して、自分はどう思うか」など、それぞれの短所や長所を考えて使い分けるのがいいかと思います。

もしも接着剤を使う場合は、瞬間接着剤よりも、75ページで紹介したような2液性のエポキシ系接着剤を使ってください。

Q7 器以外の金継ぎの楽しみ方はありますか？

A 基本的には繕いの技術ですが、箸置き、アクセサリー、オブジェなど趣向に合わせて楽しんでいただければと思います。

Q8 乾いた漆が固くて研げない、削れない場合はどうすればいいですか？

A 刻苧漆の場合は一週間から10日間、錆漆の場合は1日後に研いだり削ったりするのがベターです。

あまり長く経過すると固くて削りにくくなり、作業が大変になってしまいます。置きすぎないよう注意することが大切です。固くなりすぎてしまったら、新しい刃物を使いましょう。

Q9 度接着剤でつけてしまった金継ぎを、剥がしてやり直したいのですが……。

A 接着剤は熱に弱いものが多いので、鍋に入れて1〜2時間ほど煮てください。剥がれることがあります。剥がれなかったら、その接着は「丈夫」ということ。無理にはがすと別のところが割れてしまうケースもあります。接着はそのまま活かして、仕上げだけをやり直しましょう。

接着剤はやり直すのが大変。

Q10 漆にごみが混じってしまいました。

A 漆の漉し紙（美吉野紙）でごみを漉してから塗ってください。漆は何度でも漉して使えます。

Q11 漆を薄く塗るのが難しい……。

A ガラス板の上に出した漆が固くてこってりしていて、薄く塗りづらい場合は、テレピン油か樟脳油でほんの少し希釈すると塗りやすくなります。どちらも植物性の溶剤です。希釈するといっても、1滴の半分とか、ほんの少しです。あまり薄めると、漆塗膜が弱くなるので、オススメしません。

Q12 仕上げに金粉でなく、金箔を使ってもいいのでしょうか？

A 金箔を貼る場合もあるかもしれませんが、金粉仕上げに比べると厚みが物足りない印象になってしまいます。金箔は壁面や装飾向きであり、繕いにはあまり向かず、すぐにはがれてしまいます。

Q13 金属粉以外で仕上げる方法はありますか？

A 黒漆、白漆、弁柄漆、赤漆、うるみ漆などの仕上げがあります。最後の中塗りをお好みの漆にしたら、それで完成です。

黒は呂色漆、うるみ漆は赤と黒をブレンドしたものです。色見本などで試し塗りをして、調整してください。

接着が
ズレても
それも「運」。

Q14 筆を除光液、うすめ液（シンナー）で洗うと教わったのですが？

A 筆の寿命が短くなるので、やめましょう。筆のためにも、自分の体のためにも菜種油（植物油）オンリーで大丈夫です。漆は固まる力が強いので、最後は筆に多めに油を含ませておきましょう。ちなみに、使う前に筆をシンナーや強い溶剤で脱脂する人がいますが、油をよく拭うだけで充分と感じます。

材料店リスト

老舗で品揃え豊富なお店をご紹介します。
サイトや電話などで必要な材料を問い合わせてみてください。

漆

(株)播与漆行（教室あり／金継ぎセット）
〒110・0016
東京都台東区台東2・7・12プレールデューク1階
Tel 03・3834・1521
Fax 03・3834・1523

(有)渡邊商店
〒110・0005
東京都台東区上野6・5・8
Tel 03・3831・3706
Fax 03・3831・3500

(株)藤井漆工芸
〒120・0015
東京都足立区足立1・29・18
Tel 03・3848・2141
Fax 03・3889・3227

(株)杉本商店（教室あり）
〒101・0047
東京都千代田区内神田3・18・4第一杉本ビル
Tel 03・3252・8031
Fax 03・3252・8031

鎌倉彫会館（教室あり）
〒248・0006
神奈川県鎌倉市小町2・15・13
Tel 0467・25・1500
Fax 0467・25・1501

(株)箕輪漆行（ネット販売充実）
〒915・0219
福井県越前市北坂下町5・7
Tel 0120・43・0055
Fax 0778・43・0010

(有)辻田漆店
〒915・0261
福井県越前市朽飯町22・24
Tel 0120・77・1034
Fax 0778・42・0030

(有)能作うるし店
〒920・0962
石川県金沢市広坂1・1・60
Tel 076・225・7345
Fax 076・263・8122

ほとんどのお店にはサイトがありますので、ご参照ください。

四十沢漆店
〒928・0073
石川県輪島市鳳至町上町75
Tel 0768・22・0511

橋久商店
〒928・0073
石川県輪島市鳳至町上町88
Tel 0768・22・0780

(株)佐藤喜代松商店(教室あり)
〒603・8357
京都市北区平野宮西町105
Tel 075・461・9120
Fax 075・462・2173

(株)鹿田喜造漆店(教室あり)
〒600・8042
京都市下京区麩屋町通仏光寺上る俵屋町290
Tel 075・351・7106
Fax 075・351・3166

(株)加藤小兵衛商店(教室あり)
〒600・8063
京都市下京区松原通小路西入ル松原中之町478
Tel 075・351・1932
Fax 075・351・7966

(株)堤淺吉漆店
〒600・8098
京都市下京区間之町松原上ル稲荷町540
Tel 075・351・6279
Fax 075・351・6270

金属粉・金箔

(株)吉井商店(金・銀粉)
〒920・0902
石川県金沢市尾張町1・10・30
Tel 076・221・1678
Fax 076・221・2179

(株)浅野商店(金・銀粉)
〒920・0902
東京都中央区銀座8・8・5 太陽ビル10階
Tel 03・3573・2001
Fax 03・3573・2002

(株)箔座(金箔・真鍮粉/コレド日本橋にも支店あり)
〒920・0843
石川県金沢市森山1・30・4
Tel 076・251・8941
Fax 076・252・7765

その他

東急ハンズ(真鍮・錫粉・メノウ棒など)
ジョイフル2
ビバホーム
などの木工・塗料のコーナーでも取り扱っている。

おわりに

生活意識の高まりとともに、いい器やステキな器作家が増えています。

それと比例して、陶磁器の繕いの技法「金継ぎ」も見直されるようになってきました。現代では、便利で多様な合成樹脂や接着剤があり、金継ぎの方法も多様化しています。

その中からどの材料を選択するかは、扱う人の考え方や目的次第。

どんな方法にしろ、大切なのは「気持ちよく使えるようになる」ことと、それにより「使う人の生活が豊かになる」ことだと思います。


金継ぎの仕事は、材料ややり方にもその人の気持ちが表れます。

単なる傷跡の修復ではなく、器へのやさしさや、器を愛おしみ慈しむ気持ちの表れが、金継ぎなのだと思います。


気に入らなければ何度でも工程をやり直せるので、失敗はありません。

一度失敗しても、もし夢が叶わなくても、次の目的を見つけてまたやり直せば良い。

人生と同じように何回もやり直せる、再生できる。

そんなことを金継ぎは教えてくれるのです。

本書でお伝えする金継ぎが、
日々の豊かな生活への「繕い」になれば幸いです。

堀 道広

堀 道広

富山県出身。うるし漫画家。高岡短期大学（現・富山大学芸術文化学部）漆工芸専攻卒。石川県立輪島漆芸技術研修所卒。文化財修復会社を経て、漆屋で職人として働きながら2003年に漫画家デビュー。以降、漆と漫画の分野で活動。著書に『青春うるはし！うるし部』（青林工藝舎）など。都内近郊で金継ぎのワークショップ「金継ぎ部」主催。おおらか金継ぎの普及に努める。

http://michihiro.holy.jp

おうちでできる おおらか金継ぎ

2018年2月9日 初版第1刷発行
2022年6月10日 初版第8刷発行

著者 堀《ほり》 道広《みちひろ》
発行者 岩野裕一
発行所 株式会社実業之日本社
〒107-0062
東京都港区南青山5・4・30
emergence aoyama complex 2F
Tel 編集 03・6809・0452
販売 03・6809・0495
https://www.j-n.co.jp/

印刷・製本 大日本印刷株式会社
イラスト 堀 道広
写真 鈴木静華
デザイン 芝 晶子（文京図案室）
協力 江端博行、小林広美、深澤朋実
西麻布R、Re:gendo《りげんどう》、露木 彩
編集 杉山亜沙美

ISBN 978-4-408-33756-2（第一趣味）